POLYGLOTT-REISEFÜHRER

Frankfurt Rhein-Main-Gebiet

Mit 47 Illustrationen
sowie 19 Karten und Plänen

W0292572

POLYGLOTT-VERLAG
MÜNCHEN

Herausgegeben von der Polyglott-Redaktion
Verfasser: Prof. Dr. Wolfgang Klötzer
Zeichnungen: Karl Bauer-Oltsch
Karten und Pläne: Franz Huber, Gert Oberländer und Arnulf Milch
Umschlag: Toni Blank

*

Wir danken den städtischen Verkehrsbüros für die wertvolle Mitarbeit.
Ergänzende Anregungen, für die wir jederzeit dankbar sind,
bitten wir zu richten an:

Polyglott-Verlag, Redaktion, Postfach 401120, 8 München 40.
Alle Angaben (ohne Gewähr) nach dem Stand Januar 1979.

*

Zeichenerklärung:
✈ Flugverbindungen   Eisenbahnverbindungen
 Autobusverbindungen   Schiffsverbindungen
 Bergbahnen   Schwimmbad
 Erstklassige Hotels   Gute Hotels
 Einfache Hotels und Gasthöfe
 Jugendherbergen   Campingplätze

Die in eckigen Klammern stehenden Ziffern decken sich mit den auf den Plänen eingezeichneten Ziffern.
Kilometerangaben hinter Ortsnamen zeigen die Entfernung vom Beginn der jeweiligen Route aus an.

*

6. Auflage · 1979/80
© 1969 by Polyglott-Verlag Dr. Bolte KG, München
Printed in Germany / Druckhaus Langenscheidt, Berlin / W. XII. Lz.
ISBN 3-493-60618-4

Frankfurt am Main

Land und Leute

„Es will merr net in mein Kopp enei: Wie kann nor e Mensch net von Frankfort sei!" Was *Friedrich Stoltze* 1880 schrieb, hat zeitlose Gültigkeit. *Frankfurt* war stets stolz, als Deutschlands „heimliche Hauptstadt" zu gelten: in reichsstädtischer Zeit, als im Bartholomäusdom Könige und Kaiser gekrönt wurden, in freistädtischer Zeit, als Frankfurt Sitz der Deutschen Bundesversammlung und des Paulskirchenparlaments war, heute mehr denn je, da sich die Wirtschaftskraft der Bundesrepublik in Frankfurt manifestiert. Um wieviel mehr hat das *Rhein-Main-Gebiet* in Frankfurt seinen Brennpunkt! Wie weit Wirtschaftspendler in die Mainmetropole kommen, so weit greift die *Frankfurter Region*, so weit „begreift" der Tourist in Tagesausflügen die Umgebung. Unsere Routen richten sich danach.

Lage, Grenzen, Größe

Die Rhein-Main-Landschaft ist das Stromgebiet von *Mittelrhein* und *Untermain*, der nördliche, tiefste Teil der *Oberrheinebene* im Übergang zur *Hessischen Senke* (Wetterau), ein Halbkreis durch *Hunsrück*, *Rheinhessen*, *Odenwald*, *Spessart* und *Vogelsberg* mit dem *Lahntal* als Nordgrenze.

Das alte *Rheinfranken*, von allen Seiten begehrt, hat nie zu politischer Einheit gefunden. Selbst heute ist es in die Bundesländer *Hessen* und *Rheinland-Pfalz* widersinnig zerrissen. Über den *Spessart* reicht *Bayern* in das Rhein-Main-Gebiet hinein.

Mit rund *4 Millionen Einwohnern* auf etwa *10 000 qkm*, davon allein 1,5 Millionen in den zentralen Groß- und Industriestädten, gehört das Rhein-Main-Gebiet zu den wichtigsten europäischen Ballungsräumen.

Bodengestalt

Im *Erdaltertum* wurden Hunsrück und Taunus als Teile des *Rheinischen Schiefergebirges* aufgefaltet. Bei der allmählichen Abtragung des bis 880 m hohen, 75 km langen Taunuskammes trat das *Erd-Urgestein*, Serizitgneis und Quarzit, zutage. Die Sedimente devonischer Überflutungen (vor 350 Millionen Jahren), Schiefer und Lahnmarmor, wurden von den zerklüfteten Tälern des Hintertaunus angeschnitten. Der zum Rhein und Main steil abfallende Südhang gehört zu den lieblichsten Gegenden Deutschlands, ebenso die *Bergstraße* zwischen *Darmstadt* und *Heidelberg*, wo der mit dem Taunus aufgedrungene, bis 605 m hohe *Kristalline* oder *Vordere Odenwald* (Granit) steil nach Westen abfällt.

Während der Einebnung der Gebirgsrümpfe kam es zur *Überflutung* der Hessischen Senke, im *Wüstenklima des Triaszeitalters* (vor 230 Millionen Jahren) zur Eindampfung und *Randablagerung des Buntsandsteins* im östlichen *Odenwald*, *Spessart* und *Büdinger Wald*. Diese ärmeren Böden sind weniger dicht besiedelt. Hier dominiert die Forstwirtschaft.

Ihre heutige Gestalt erhielt die Rhein-Main-Landschaft in der *Tertiärzeit* (vor 60 Millionen Jahren), als der *Oberrheinische Graben* einbrach, der *Urrhein* sich seinen Abfluß durch das Schiefergebirge grub, als riesiger Vul-

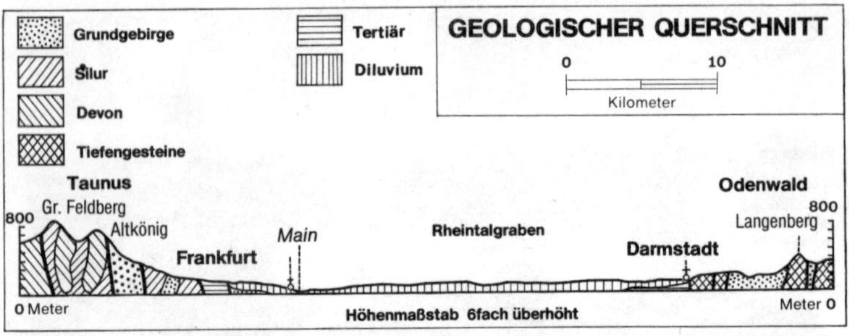

kan der *Vogelsberg* (774 m) entstand, dessen *Basaltströme* bis *Friedberg* und *Frankfurt* flossen. Aus den Gebirgsspalten steigen die *Mineral- und Thermalquellen* auf, die das Rhein-Main-Gebiet zur bäderreichsten Zone Europas machen.

In jüngster Erdzeit (seit 600 000 Jahren) entstanden die fruchtbaren *Lößflächen* der *Wetterau*, der *Lahnbecken*, der *Idsteiner Senke* (Goldener Grund) und des rheinhessischen Hügellandes („Weinkeller Deutschlands"), aber auch die *Sanddünen* des *Mainzer Bekkens* und des *Rieds*.

Gewässer

Einziger Abfluß des Rhein-Main-Gebiets ist der *Rhein*, Deutschlands größter und verkehrsreichster Strom. Nach trägem Lauf durch das oberrheinische Tiefland wendet er sich, mit dem *Main* vereint, bei *Wiesbaden* vor dem Taunusriegel nach Westen und durchbricht im *Binger Loch*, wo links die *Nahe* zufließt, das *Rheinische Schiefergebirge*. Das Rheinengtal, eine der romantischsten Landschaften, endet im *Koblenzer Becken*, wo von rechts die *Lahn* hinzutritt.

Den *Odenwald* entwässern die *Weschnitz* in den *Rhein*, *Gersprenz* und *Mümling* nach Nordosten in den *Main*.

Aus dem *Spessart* treten westlich in den *Main Elsava*, *Aschaff*, *Kahl* und *Kinzig*, die den südlichen *Vogelsberg* vom nördlichen *Spessart* trennt.

Der Sammler der *Wetterau* ist die am *Vogelsberg* entspringende *Nidda* mit ihren Zuflüssen *Nidder* und *Wetter*. Sie fließt bei *Höchst* in den *Main*.

Aus dem *Taunus* führen *Walluf* und *Wisper* in den Rhein, *Weil*, *Ems* und *Aar* in die *Lahn*.

Schiffbar sind *Rhein*, *Main* und *Lahn*, letztere nur bis *Steeden*. Der *Rhein* wird jährlich von 200000, der *Main* von 50000 Schiffen befahren. Die *Rhein - Main - Donau - Großschiffahrtsstraße* ist über *Bamberg* hinaus im Bau.

Flora und Fauna

Von der *Bergstraße* („Blütenstraße Deutschlands") bis zum *Vogelsberg* finden sich die unterschiedlichsten *Klimaprovinzen* und Böden mit entsprechend abwechslungsreicher Flora.

An den Gebirgsrändern des *Taunus* und des *Odenwaldes* gedeihen *Mandeln*, *Feigen*, *Eßkastanien* und *Edelobst*. *Kronberger Erdbeeren* sind die frühesten und begehrtesten in Deutschland. Auf den warmsandigen Böden des *Rieds* und des *Mainzer Beckens* werden *Tabak*, *Spargel*, *Gurken*, um *Großgerau* und in der *Wetterau*, der „Kornkammer Hessens", wird die frostempfindliche *Zuckerrübe* angebaut. Um *Steinfurth* (Wetterau) liegt das größte europäische *Rosenzuchtgebiet* (jährlich 15 Millionen Pflanzen).

An *Rhein* und *Main* treffen sich fünf *Rebenanbaugebiete*.

Der *Rheinwein* von den sonnendurchglühten, mühsam bebauten Terrassen des Rheinengtals ist von feinblumiger Qualität und hat seine besten Lagen in *Bacharach*, *Kaub* und *St. Goarshausen*. In *Aßmannshausen* gedeiht der beste deutsche *Rotwein*.

Naheweine sind weich und voll. Der beste kommt vom *Bad Kreuznacher Kauzenberg*.

Rheinhessen ist Deutschlands größtes Weinbaugebiet. Hier reicht die Tradition bis in die Römerzeit zurück. *Oppenheimer Sackträger*, *Niersteiner Auflangen*, *Binger Schloßberg* sind bekannte vollmundige Rheinfrontlagen. Kenner schätzen die herzhafteren Weine des inneren Hügellandes ebenso.

An Quantität gering, in der Qualität durchaus ansprechend, gibt sich der kräftige, feurige *Bergsträßer Wein* (*Bensheimer Kirchberg*).

Die *Frankenweine* beginnen bei *Alzenau* und erreichen südlich *Aschaffenburg* mit dem *Klingenberger Rotwein* höchste Qualität.

Über allen aber steht der *Rheingauer Wein* von den Taunussüdhängen zwischen *Hochheim* und *Rüdesheim*, wo, geschützt vor Nordwinden, auf warmen und fruchtbaren Böden Weine von unvergleichlichem Bukett ausreifen. Jeder Ortsname ist hier ein Weinbegriff.

Der *Wald* reicht in seinen Erscheinungsformen vom *Auenwald* der Niederungen (*Kühkopf* bei *Oppenheim*) über die *Steppenkieferwaldungen* der Sanddünen (*Lenneberg* bei *Mainz*, *Schwanheimer Sand* bei *Frankfurt*) bis zu den lichten *Buchenwäldern* des *Taunus* und *Vorderen Odenwaldes*, den *Alteichen* des *Spessarts*, den *Urwäldern* des *Hohen Vogelsberges*. Überall ist leider das rentablere *Fichtenholz* im Vordringen.

Im rheinmainischen Raum liegen etwa 20 *Naturschutzgebiete*, darunter *Hochmoore* im *Spessart* (*Wiesbütt* bei *Bad Orb*) und *Vogelsberg* (*Taufstein*) mit botanischen Seltenheiten (Sonnentau, Türkenbund, Arnika, Wollgras), *alpine Klettergärten* (*Rotenfels* bei *Münster a. St.*, *Lorsbachtal* bei *Hofheim a. Ts.*), *Heidegebiete* (*Kemeler Heide* bei *Bad Schwalbach*), *Riedgebiete* (*Altrheinarme*, *Enkheimer Ried* bei *Frankfurt*). In weiteren 30 *Landschaftsschutzgebieten* wird der Naturcharakter erhalten. Vier Waldzonen (*Hochtaunus*, *Nassau*, *Hoher Vogelsberg* und *Odenwald-Bergstraße*) von zusammen etwa 2000 qkm, einem Fünftel (!) unseres Gebietes, sind als *Naturparks* ausgewiesen und dienen mit ihren Einrichtungen (Parkplätze, Rundwanderwege, Waldlehrpfade usw.) als Erholungsräume der Großstadtbevölkerung.

In einer so hoch zivilisierten Kulturlandschaft befindet sich die *natürliche Fauna* auf dem Rückzug. Die *Störche* werden seltener, der *Auerhahn* balzt nur noch vereinzelt im *Spessart*, das *Rotwild* verbirgt sich in den Gebirgswäldern, aber *Rehwild* ist häufig zu beobachten. Im *Spessart* wird das *Schwarzwild* zur Belustigung der Touristen regelmäßig gefüttert. Am *Rhein* zieht der *Rote Milan* noch seine Kreise, *Reiherkolonien* gibt es noch am *Vogelsberg* und im *Ried*, und in den Forsten des *Dreieichs* wird der *Edelfasan* wie in alter Zeit gehegt. Die *Taunus-*, *Odenwald-* und *Spessartbäche* sind reich an *Forellen*, während die Rhein- und Mainfischerei wegen der Industrieabwässer stark zurückgegangen ist.

Botanische Gärten gibt es in *Frankfurt*, *Darmstadt* und *Gießen*, *Tiergärten* in *Frankfurt* und *Kronberg*, vielenorts auch *Tiergehege*.

Berühmt sind die *Parks* von *Wiesbaden-Biebrich*, *Bensheim-Auerbach*, *Aschaffenburg*, *Bad Homburg* und *Bad Nauheim*.

Bevölkerung und Sprache

Das Rhein-Main-Gebiet war stets ein *Schmelztiegel* der verschiedensten Völkerschaften, und auch heute sind nur 39 % Frankfurter in der Stadt geboren. Die *Kelten* wurden von den *Chatten* und *Alemannen* überlagert, diese von den *Franken*. *Römer*, *Burgunder*, *Langobarden*, *Hugenotten* und *niederländische Glaubensflüchtlinge*, in den Städten auch *jüdische Gruppen*, zuletzt allein in Frankfurt 120 000 *Ostvertriebene* und *Zonenflüchtlinge* hinterließen ihre ethnischen Spuren. *Keltische* (Rhein, Main, Taunus sind keltische Namen), *romanische*, *jiddische* Idiome gingen in die Sprache dieser Landschaft ein, die als *Mundart* zum *Rheinfränkischen* gehört und zwischen der „dat / das"-Grenze im Westen, der „Appel / Apfel"-Grenze im Osten und der „hast / hascht"-Grenze im Süden liegt. Im ganzen Rhein-Main-Gebiet sagt man „das", „Appel" und „du hast" (Odenwald „du hascht"). Ob nassauisch, mainzisch, frankfurtisch oder darmstädtisch: die Mundart ist ein nur um Nuancen verschiedenes, breites „Hessisch", das dem Fremden härter als andere Dialekte in den Ohren klingt.

Der *Bauer* ist sparsam und stolz, manchmal herb und verschlossen,

Aalschocker auf dem Rhein

Großbauern sind auf die Gebiete bester Böden beschränkt und selten, da die häufigen Erbteilungen den Besitz zersplitterten. Umlegung und Aussiedlung wirken dem heute entgegen. Der *Weinbauer* ist aufgeschlossener und urbaner. Doch die sprichwörtliche rheinische Fröhlichkeit ist bei den weinbeschwingten Fremden größer als bei den Einheimischen. Der *Städter* ist gewandt, durch den Handel viel herumgekommen, kosmopolitisch und doch traditionsverbunden. *Theodor Heuss* hat 1959 in Frankfurt gesagt: „Immer wenn ich hier war, spürte ich beides: Weite einer Weltgesinnung und Nähe eines Heimatgefühls, Goethe und Friedrich Stoltze."

Siedlungsform

Altsiedelgebiete sind die Flußtäler und Senken, wo sich die meisten fränkischen Orte (Endung -heim) befinden. Hier herrscht das *fränkische Gehöft* mit getrennten Wohn- und Wirtschaftsgebäuden um den rechteckigen Hof vor. Fachwerk, verstrebt durch den „Hessenmann", bestimmt das Bild.

Rodungssiedlungen des Mittelalters, oft am Namen erkennbar (-rad, -rod, -bach, -hausen), haben die Forsten erschlossen. Dort herrscht, meist in enger Tallage, das *Reihenhaus* vor mit Wohn- und Wirtschaftsgebäuden in Straßenfront. *Hugenottensiedlungen* (Walldorf und Neu-Isenburg südlich, Friedrichsdorf nördlich Frankfurt), *Villenkolonien* (Buchschlag bei Frankfurt) und moderne *Trabantenstädte* (Nordweststadt, Limesstadt, Gravenbruch, Wiesbaden-Klarenthal), auch die *Taunusrandstädte*, die „Prestigewohnorte des Frankfurter Wohlstands", haben die Natur weiter zurückgedrängt.

Wirtschaft

Ertragreiche *Landwirtschaft* konzentriert sich auf die fruchtbaren Lößgebiete und ist in klimatisch günstiger Lage auf *Garten-* und *Weinbau* spezialisiert. Wo in den Gebirgen magere Böden die bäuerliche Existenz erschweren, besteht sie vielfach nur noch nebenberuflich. Man findet als *Tages-* und *Wochenpendler* in den Großstädten oder in verkehrsgünstigen Industriezellen Arbeit und Brot. Die „Sozial-" und „Kulturbrache" im Einzugsbereich der Großstädte wird Bauerwartungsland.

Teufelsmühle im Vogelsberg

Das Rhein-Main-Gebiet hat kaum *Bodenschätze*. Bekannt sind der rötliche *Lahnmarmor*, der rheinische *Dachschiefer*, der Odenwälder *Granit*, der rote *Mainsandstein*, der Vogelsberger *Basalt* und die *Zementkalke* des Mainzer Beckens. *Erdgas* und *Erdöl* kommen aus dem Ried, *Braunkohlen* aus der Wetterau, *Kaolin* aus Geisenheim, *Ton* aus dem Westerwald und aus der Darmstädter Gegend. Hier ist das *keramische Handwerk* bodenständig, während sich *Goldschmiedehandwerk* in Hanau, *Elfenbeinschnitzerei* im Odenwald (Erbach), *Taschnerei* in Offenbach und *Möbelschreinerei* in Kelkheim bei Höchst a. M. entwickelt haben.

Das Rhein-Main-Gebiet ist ein hochentwickeltes *Industrieland*. Hier wohnt ein Drittel der hessischen Bevölkerung, hier ist die Hälfte der hessischen Industriearbeiter beschäftigt, unterstützt von 150 000 Gastarbeitern aus den Mittelmeerländern.

Die *chemische Industrie* rangiert als bedeutendste Industriegruppe an der Spitze, gefolgt von der *elektrotechnischen*, dem *Maschinen-* und *Fahrzeugbau*. Etwa 50 Werke beschäftigen jeweils mehr als 1000 Betriebsangehörige (Farbwerke Hoechst 98000, Opel Rüsselsheim 56000). *Bekleidungsindustrie* hat sich in Aschaffenburg und im Kreis Bergstraße angesiedelt, *feinmechanische* und *optische Industrie* in Frankfurt, Wetzlar und Gießen, *Großbrauereien* bestehen in Frankfurt, Mainz, Aschaffenburg und Lich, bekannte *Verlage* in Frankfurt und Wiesbaden.

Frankfurt ist der bedeutendste *Bank-* und *Großhandelsplatz* der Bundesrepublik, und auch der *Einzelhandel* hat neue, richtunggebende Formen gefunden (Main-Taunus-Einkaufszentrum 1964 u. a.)

Brauchtum

In einer so individualisierten Landschaft ist das Brauchtum im Rückzug. *Trachten* haben keine Bedeutung mehr.

Nur im Odenwald und im Hüttenberger Land zwischen Butzbach und Gießen werden sie noch gelegentlich getragen.

Lebendig ist dagegen der *mittelrheinische Karneval* in seiner Mainzer Hochburg („Määnzer Fassenacht"), wo der Rosenmontagszug mit dem Kölner wetteifert.

Rhein, Taunus und Odenwald, an Burgen so reich wie keine andere deutsche Landschaft, sind auch heute noch Sammelbecken von *Märchen* und *Sagen*, *volkstümlicher Spruchweisheit* und derben *Trinksitten*. Diese sind dort noch unverfälscht, wo der Wein in Straußwirtschaften ausgeschenkt und der Feierabend an blankgescheuerten Tischen verbracht wird. Die Alt-Frankfurter *Apfelweinlokale* in *Sachsenhausen*, wo es noch Originale gibt, sind zwar nur mehr Inseln der Volkstümlichkeit im Getriebe der Weltstadt, aber was sie in unsere Zeit hinübergerettet haben, vermittelt das *Hessische Fernsehen* in der beliebten Unterhaltungssendung „Zum Blauen Bock".

Den Heimatgedanken pflegt der jährliche *Hessentag* in wechselnden Städten. Die bekanntesten *Volksfeste* sind:

Bienenmarkt, Michelstadt (Pfingsten).
Wäldchestag, Frankf. (Pfingstdienstag).
Lamboyfest, Hanau (Juni).
Sektfest, Eltville (Juni/Juli).
Heinerfest, Darmstadt (Juli).
Rosenfest, Steinfurth (Juli).
Eulbacher Markt, Erbach i. O. (Juli).
Trachtenfest, Lindenfels (August).
Mümlingtalfest (August).
Laternenfest, Bad Homburg (August/September).
Weinmarkt, Mainz (Aug./Sept.).
Bergsträßer Winzerfest (September).
Weinfest, Rüdesheim (September).
Schelmenmarkt, Gelnhausen (Oktober).
Weihnachtsmarkt, Frankf. (Dezember).

Heimatmuseen gibt es in: Amorbach, Assenheim, Bensheim, Bingen, Butzbach, Dreieichenhain, Eppstein, Friedberg, Lengfeld, Michelstadt, Rüsselsheim, Schotten, Seligenstadt, Steinheim, Bad Vilbel, Weilburg u. a.

Spezialitäten

Obenan in der Liste aller rheinmainischen Spezialitäten stehen *Wein* (siehe S. 4) und „Äppelwoi". Das Frankfurter „Nationalgetränk" entsteht durch Vergären von Apfelmost, wird in Fässer und Flaschen abgefüllt und aus dem „Bembel", einem Steinkrug,

Rippchen mit Sauerkraut und „Äppelwoi"

als „Süßer", „Rauscher", „Heller" und „Alter" ausgeschenkt.

„*Frankfurter Würstchen*" sind weltbekannt und werden aus reinem Schinkenfleisch hergestellt. Sie werden paarweise geräuchert oder in Dosen gekocht verschickt. Sie müssen acht Minuten in heißem Wasser ziehen, knakken, wenn man hineinbeißt, und werden aus der Hand gegessen.

Grüne Soße, „Grie Soß", eine Frankfurter Frühlings-Spezialität, war schon *Goethes* Leibgericht. Sie enthält sieben feingewiegte Kräuter (Borretsch, Kerbel, Kresse, Petersilie, Pimpernell, Sauerampfer, Schnittlauch) mit gehacktem Eiweiß und einer Tunke aus passiertem Eidotter, Essig, Öl, Salz und Pfeffer und wird zu Ochsenfleisch gereicht.

Rippchen mit Sauerkraut gibt es auch anderswo, sie werden aber in Frankfurt sehr geschätzt. Dagegen sind *Bethmännchen* und *Brenten* typische Frankfurter Gebäcksorten aus Marzipan und Mandeln. Zum Frankfurter Weihnachtsmarkt gehören die „*Quetschemännche*", Figuren, meist Schornsteinfeger, aus Dörrzwetschgen, auf Draht gezogen.

Der „*Määnzer Handkäs*", mit und ohne „Musik" (Zwiebeln, Essig und Öl), wird ebenso in Frankfurt serviert. Weniger verbreitet ist der Mainzer „*Spundekäs*", ein Weißkäse mit Zwiebeln und Paprika.

Gern gegessen werden Frankfurter „*Warm Flaaschworscht*", oberhessische Wurst, besonders „*Preßkopf*", zu steinofengebackenem *Bauernbrot* aus dem Spessart, *Spargel mit Schinken*, *Wiesbadener Ananastörtchen*, *Schiersteiner Backfisch*. Der berühmte *Rheinsalm* ist selten geworden, dagegen wird im Rheinengtal überall frischgeräucherter *Rheinaal* angeboten, der sich von den Industrieabwässern noch nicht hat verdrängen lassen.

Geschichtlicher Überblick

Hessen

In der *Altsteinzeit* (vor 12 000 v. Chr.) durchstreifen Sammler und Jäger das Rhein-Main-Gebiet. Funde aus den *Kalkhöhlen von Steeden a. d. Lahn* befinden sich im Städtischen Museum Wiesbaden.

Um 12 000—800 v. Chr. In der *Mittleren* und *Jüngeren Steinzeit*, als die Menschen seßhaft werden, sowie in der *Bronzezeit* erweist sich die Anziehungskraft der Landschaft in der Folge verschiedener Kulturkreise.

4. Jh. v. Chr. Die *Kelten* ergreifen Besitz vom Rhein-Main-Gebiet und errichten zum Schutz gegen die Germanen die *Taunusringwälle* (Altkönig).

2. Jh. v. Chr. Die *Chatten* aus Niederhessen drängen die Kelten zurück und erhalten von den *Römern*, die um 50 v. Chr. unter Cäsar erscheinen, das *Taunusgebiet* bis zum *Rhein*.

83 n. Chr. *Domitian* erobert *Taunus* und *Wetterau* und beginnt mit dem Bau des *Limes*. Zentrum der *Civitas Taunensium* wird die Römerstadt *Nida* (überbaut von den Frankfurter Siedlungen Römerstadt und Nordweststadt).

254 *Alemannen* und *Chatten* zerstören den Limes. Die Römer ziehen sich hinter den *Rhein* zurück.

Um 360 *Lubentius von Trier* christianisiert das noch von *Chatten* beherrschte *Lahngebiet*.

4.—6. Jh. *Franken* vom Niederrhein drängen die Alemannen nach Süden ab, assimilieren die Chatten und schaffen eine noch heute nachwirkende Organisation von *Gauen* (Rheingau, Niddagau, Wetterau, Lahngau), *Forsten* (Dreieich, Odenwald, Spessart) und *Königsländern* (Königssondergau um Wiesbaden, Ingelheimer Reich).

747 *Bonifatius* wird nach der Christianisierung Hessens („Apostel der Deutschen") *Bischof von Mainz*. Das Erzstift (seit 782) wird Zentralmacht im Rhein-Main-Gebiet (Rheingau, Maingau, Aschaffenburg).

764 *Kloster Lorsch* wird gestiftet. Das berühmte „Reichskloster" erschließt den *Odenwald*.

794 *Karl der Große* hält in *Frankfurt* eine *Reichsversammlung* von europäischer Bedeutung (erste Nennung von Frankfurt) ab.

10. Jh. *Otto I.* (936—73) leitet mit der Vergabe von Grafschaften die territoriale Zersplitterung von Rheinfranken ein.

1135 Gründung des Zisterzienserklosters *Eberbach* (1174 *Arnsburg*).

12. Jh. *Friedrich I. Barbarossa* (1152 bis 1190) sucht der dynastischen Territorialentwicklung durch Organisation eines *Reichslandes* entgegenzuwirken (Pfalzen in Frankfurt, Gelnhausen, Seligenstadt; Reichsburgen Friedberg, Wetzlar, Büdingen, Ortenberg u. a.).

13. Jh. In den rheinmainischen Randzonen entwickeln sich *bedeutende Geschlechter*: die Grafen von Katzenelnbogen, Nassau, Diez, die Pfalzgrafen, die Herren von Hanau, Eppstein, Münzenberg, Büdingen und Erbach. Die *Katzenelnbogener* bauen um *Darmstadt* die *Obergrafschaft*, die *Keimzelle Hessen-Darmstadts*, aus.

1247 Die *Landgrafschaft Hessen* (um Kassel und Marburg) löst sich von Thüringen und wird der große Gegenspieler von *Kurmainz* in Oberhessen.

1254 In der friedlosen (Raubritter-) Zeit des Interregnums schließen die Städte Mainz, Worms, Oppenheim und Bingen den *Rheinischen Städtebund*, dem auch Frankfurt beitritt.

1255 Die *Münzenberger* sterben aus. Ihr Besitz von rund 100 Orten, vor allem in der *Wetterau*, stärkt besonders die *Herren von Falkenstein* (1419 Solms) und *Hanau*. *Nassau* teilt sich in die *ottonische* (nördlich der Lahn)

und die *walramische* Linie (Weilburg, Idstein, Usingen, Wiesbaden) und schwächt seine Position.

1356 Die „Goldene Bulle" *Karls IV.* bestimmt *Frankfurt* zur Wahlstadt der deutschen Könige. Frankfurt überflügelt Mainz.

1462 Die Stadt *Mainz* muß sich unter die Gewalt des *Erzbischofs* beugen.

1463 Der *Frankfurter Friede* beendet den jahrhundertelangen Kampf zwischen dem *Erzstift Mainz* und *Hessen.*

1468 *Gutenberg* stirbt in Mainz.

1479 Durch die *katzenelnbogische Erbschaft* dringt *Hessen* zum *Mittelrhein* und ins *Rhein-Main-Gebiet* vor.

1522 In *Frankfurt* wird die *Reformation* eingeführt (Hessen 1526, Nassau-Weilburg 1526, Hanau 1538, Nassau-Idstein mit Wiesbaden 1543).

1554 Die ersten *Glaubensflüchtlinge,* reformierte *Niederländer,* treffen im Rhein-Main-Gebiet ein und bilden bald ein Fünftel der Frankfurter Bevölkerung.

1567 Durch *Teilung der Landgrafschaft Hessen* entstehen die Linien Kassel, Marburg, Rheinfels (bis 1583) und Darmstadt.

1604 Die *hessen-marburgische Linie* stirbt aus. *Hessen-Darmstadt* gewinnt *Oberhessen* mit *Gießen* und großen Teilen der *Wetterau.*

1618—48 Der *Dreißigjährige Krieg* verwüstet das Hessenland (*Grimmelshausen*: „Simplicius Simplicissimus").

1688—97 Der *Pfälzische Erbfolgekrieg* vernichtet die Rheinburgen.

1736 *Hanau-Münzenberg* fällt an *Hessen-Kassel, Hanau-Lichtenberg* an *Hessen-Darmstadt.*

1744 Die nassauische Residenz *Usingen* wird nach *Wiesbaden* verlegt.

1749 In *Frankfurt* wird *Goethe* geboren.

1772 *Goethe* praktiziert am Reichskammergericht in *Wetzlar.*

1792 Der *Französische Revolutionskrieg* brandet ins Rhein-Main-Gebiet (1793 Beschießung von Mainz). *Frankreich* gewinnt 1801 die *Rheingrenze.*

1803 Der *Reichsdeputationshauptschluß* verteilt die *geistlichen Fürstentümer* (Ende des Kurstaates Mainz). Der *Rheingau* fällt an *Nassau.*

1806 *Franz II.* entsagt der deutschen Krone. Die kleinen Dynasten werden mediatisiert. *Frankfurt* fällt an den Fürstprimas des Rheinbundes *Karl von Dalberg* und wird 1810—13 Hauptstadt seines *Großherzogtums Frankfurt.*

1808 Das *Frankfurter Judengetto* wird aufgehoben.

1816 Aus den Wirren der napoleonischen Zeit geht *Frankfurt* als *Freie Stadt* und *Sitz der Deutschen Bundesversammlung* hervor. In das *Rhein-Main-Gebiet* teilen sich *Kurfürstentum Hessen* (Hanau), *Herzogtum Nassau* (Taunus, Rheingau, Untermain), *Großherzogtum Hessen* (Odenwald, Oberhessen, Rheinhessen), *Königreich Preußen* (Rheinprovinz) und *Königreich Bayern* (Aschaffenburg).

1841 Gründung der *Homburger Spielbank,* der „Mutter von Monte Carlo".

1848/49 In der *Frankfurter Paulskirche* tagt die *Frankfurter Nationalversammlung,* das erste gesamtdeutsche Parlament (Grundrechte).

1852/54 Die *Auswanderung* aus den armen Taunusgebieten erreicht ihren Höhepunkt.

1863 Die *Farbwerke Hoechst* werden gegründet. Die Industrialisierung des Rhein-Main-Gebietes beginnt.

1866 Im *Preußisch-Österreichischen Krieg* fallen *Kurhessen, Nassau* und *Frankfurt* an Preußen (*Hessen-Nassau*).

1883 Auf dem *Rüdesheimer Niederwald* wird das *Nationaldenkmal* eingeweiht.

1899 Großherzog *Ernst Ludwig von Darmstadt* gründet die *Darmstädter Künstlerkolonie* des Jugendstils.

1909 *Paul Ehrlich* erfindet in Frankfurt das *Salvarsan,* das erste Chemotherapeutikum.

1918 *Alliierte Truppen* besetzen das linke Rheinufer (Brückenkopf bis Frankfurt). In *Darmstadt* wird der *Volksstaat Hessen* ausgerufen.

1945 Nach dem *Zweiten Weltkrieg* bildet sich aus der französischen Besatzungszone (linksrheinisch mit den rechtsrheinischen Kreisen St. Goarshausen, Diez, Montabaur) das Land *Rheinland-Pfalz,* aus amerikanisch besetzten Gebieten das Land *Hessen.*

Rheinland-Pfalz

Kunst und Kultur

Es gibt kaum eine vielschichtigere Kulturlandschaft als das Rhein-Main-Gebiet, das Spannungsfeld politischer, geistiger und wirtschaftlicher Strömungen durch die Jahrhunderte. Andere Kulturprovinzen mögen einheitlicher und leichter überschaubar sein. Mehr Abwechslung und Anregung bietet der Frankfurter Raum.

Museen und *Sammlungen* mit zum Teil weltberühmten Kunstwerken befinden sich in: Aschaffenburg, Braunfels, Büdingen, Darmstadt, Erbach im Odenwald, Frankfurt, Gießen, Hanau, Bad Homburg, Bad Kreuznach, Limburg, Offenbach, Rüdesheim, Wiesbaden.

Baukunst

Von den keltischen Ringwällen (Altkönig) bis zu exemplarischen Hochbauten in Beton und Glas haben alle Zeiten ihre *Bauzeugen* hinterlassen, wenn auch durch Umbau, Brand und Krieg viel verlorenging.

Die *Römerstädte Moguntiacum* und *Nida* sind in der Völkerwanderung untergegangen, aber das *Saalburg-Kastell* wurde wieder aufgebaut. Die Museen in Mainz, Frankfurt, Darmstadt, Wiesbaden, Bad Kreuznach, Dieburg, Obernburg besitzen wertvolle Einzelfunde (Mosaikfußböden, Votivsteine u. a.).

Für den Verlust der *Ingelheimer Pfalz Karls des Großen* entschädigt die unvergleichliche *Torhalle des Klosters Lorsch*. Auch die Basiliken von *Steinbach im Odenwald*, *Seligenstadt* und *Frankfurt-Höchst* stammen aus der *Karolingerzeit*.

Romanisch sind die *Kirchen* von *Arnsburg*, *Arnstein*, *Eberbach*, *Gelnhausen*, *Ilbenstadt*, *Johannisberg*, *Mittelheim*, *Niederlahnstein*, *Schiffenberg* und der großartige *Mainzer Dom*, *Pfalz* und *Altes Rathaus Gelnhausen*, die *Reichsburg Münzenberg* und das *Judenbad* in *Friedberg*.

Zum *romanisch-gotischen Übergangsstil* gehören die *Peterskirche* in *Bacharach* und die *Dome* von *Limburg* und *Wetzlar*.

Gotische Kleinodien besitzt das Rhein-Main-Gebiet in den *Kirchen* von *Friedberg*, *Kiedrich*, *Oppenheim* und *Schotten*, im *Frankfurter Dom* und der *Wernerkapelle* zu *Bacharach*. Ins *Mittelalter* reichen *Höhenburgen* zurück, die als romantische Ruinen (*Auerbacher Schloß*, *Ehrenfels*, *Königstein*), schloßartig ausgebaut (*Braunfels*, *Breuberg*, *Friedberg*, *Lichtenberg*, *Ronneburg*) oder renoviert (*Marksburg*, *Rheinstein*) große Anziehung ausüben. Ältere *Talburgen* verbergen sich in den *Schlössern Büdingen*, *Erbach im Odenwald*, *Fürstenau*, *Gießen*, *Hungen*, *Laubach*, *Lich*, *Mespelbrunn*.

Die *Schlösser* von *Aschaffenburg*, *Darmstadt* (Altschloß), *Mainz* und *Offenbach* gehören zu den schönsten *Renaissancebauten* Deutschlands.

Fachwerkrathäuser sind über das ganze Gebiet verstreut und reichen, wie das originelle *Michelstädter Rathaus*, noch ins 15. Jahrhundert zurück.

Der *Barockstil* ist zahlreicher vertreten, als man erwartet. Große Leistungen sind die *Schlösser Darmstadt*, *Frankfurt-Höchst*, *Hanau-Philippsruhe*, *Klein-Heubach* und *Wiesbaden-Biebrich*, die *Abteikirche Amorbach*, die *Peterskirche* in *Mainz* und die *Balthasar-Neumann-Kirche* in *Heusenstamm*. Vielfach finden sich hervorragende *Rokoko-Ausstattungsstücke*.

Klassizistische Baumeister wirkten in *Aschaffenburg-Schönbusch*, *Assenheim*, *Darmstadt* (Moller), *Frankfurt* (Paulskirche), *Wiesbaden* (Stadtschloß).

Nach dem eklektischen 19. Jahrhundert hat erst der *Jugendstil* wieder eigene Leistungen erbracht. *Darmstadt* (Mathildenhöhe) war sein Zentrum, doch finden sich gute Beispiele auch anderswo (Bad Nauheim).

Plastik

Soweit die Bildhauer als Bauplastiker wirkten, sind die *Kirchen* die natürlichen Museen. Die *Kapitelle* von *St. Justinus* in *Frankfurt-Höchst* gehören zum Besten, war wir aus der *karolingischen Renaissance* besitzen. *Mainz* und *Frankfurt* waren die Zentren künstlerischer Anregung und Entfaltung. *Madern Gertener* (um 1400), der Frankfurter Dombaumeister (Tympanon der Frankfurter Liebfrauenkirche), und *Hans Backoffen* (um 1500), der größte mittelrheinische Renaissanceplastiker (Kreuzigungsgruppen in Mainz, Frankfurt u. a., Grabdenkmäler in Mainz und Eberbach), haben hier wie dort gewirkt. Mainz war das Zentrum der *Tonplastiken* des 15. Jahrhunderts (Hallgarten, Bingen, Frankfurt). Noch im 18. Jahrhundert reichte der Mainzer Einfluß weit in die Wetterau (*Burkhard Zamels* in Ilbenstadt und Friedberg) hinein. Seit dem 19. Jahrhundert wirkt der Einfluß der Bildhauerklasse der *Städelschule* Frankfurt a. M. Gegenwärtig sind die Werke von *Hans Mettel* (geb. 1903, Frankfurt) und *Knud Knudsen* (geb. 1916, Bad Nauheim) weit verbreitet.

Malerei

In den *Museen* des Rhein-Main-Gebietes, besonders in *Frankfurt*, *Darmstadt* und *Aschaffenburg* befinden sich Werke von hohem Rang. Adel, Kirchen und Patriziat waren die Auftraggeber. Im Frankfurter Raum schuf *Matthias Grünewald* seine Hauptwerke. In *Frankfurt* wurden *Adam Elsheimer*, der Porträtist *Joachim von Sandrart* und die Blumenmalerin *Anna Maria Sibylla Merian* geboren. Aber eigentliche Schulen haben sich im Rhein-Main-Gebiet erst im 19. Jahrhundert gebildet, als sich namhafte *Landschafts- und Historienmaler* (*Veit*, *Steinle*, *Schwind*) dem 1816 in *Frankfurt* gestifteten „Städel" anschlossen und 1858 die „Kronberger Malerkolonie" gründeten (*Dielmann*, *Burger*, *Rumpf*, *Maurer*). In neuerer Zeit wirkten *Max Beckmann* und *Fritz Boehle* an der *Städelschule*. *Hans Thoma* und *Wilhelm Steinhausen* waren eng mit Frankfurt verbunden. 20 Jahre, bis zu seinem Tod 1941, lebte *Alexej von Jawlensky* (Gruppe der „Blaue Reiter") in *Wiesbaden*.

Musik

Kunstmusik wurde zuerst in den *Kirchen* gepflegt. Noch heute übt man in *Kiedrich* eine Sonderform des *Gregorianischen Gesangs*. In *Frankfurt* bietet der *Cäcilienchor* (gegr. 1818) Oratorienkonzerte von hoher Qualität. Der evangelische Knabenchor der *Laubacher Kantorei* (gegr. 1949) wurde im In- und Ausland bekannt. Am *Hoch-schen Konservatorium* in *Frankfurt* (gegr. 1878, jetzt *Staatliche Hochschule für Musik*) wirkten *Clara Schumann* und *Engelbert Humperdinck* als Lehrer; *Hans Pfitzner*, *Hermann Zilcher*, *Otto Klemperer*, *Hans Rosbaud* und *Paul Hindemith* besuchten es als Schüler.

Theater

Das Frankfurter Theater geht bis auf das 14. Jahrhundert zurück, als zunächst vor den Stadttoren, dann auf dem *Römerberg* Passionsspiele aufgeführt wurden. *Wanderbühnen* kamen zur „Messebelustigung", und das *Spiel vom Dr. Faustus* regte *Goethe* zur Behandlung dieses Stoffes an. Heute sind die *Städtischen Bühnen* eines der größten und repräsentativsten Theater der Bundesrepublik, das sich um die Inszenierung zeitgenössischer Autoren, besonders *Bert Brechts*, verdient gemacht hat. *Fritz Rémond* († 1975) galt als der beste deutsche *Privattheater-Leiter*. *Darmstadt* ist für sein *Schauspiel* bekannt. *Wiesbaden* glänzt mit den *Internationalen Maifestspielen*. Die *Heppenheimer Freilichtspiele* und die *Wetzlarer Industrie-Festspiele* sind nicht nur Touristenattraktion.

Literatur

Der ständige Wanderungsgewinn kreativer Menschen, die natürliche Mischung der Talente, machte das Rhein-Main-Gebiet zum Schwerpunkt wissenschaftlicher (*Friedrich Dessauer*, *Paul Ehrlich*, *Otto Hahn*) und literarischer Leistungen, die bis auf *Grimmelshausen* (Gelnhausen), die *Heilige Hildegard* (Bingen) und *Einhard* (Seligenstadt), den Biographen *Karls des Großen*, zurückreichen. Im Kinzigtal haben die *Brüder Grimm* viele ihrer deutschen Märchen gesammelt. Frankfurt war ein Zentrum der *Klassik*, *Romantik* und des *Jungen Deutschlands*. Hier wurden *Goethe*, *Börne*, *Clemens* und *Bettina Brentano* geboren, hier wirkten *Hölderlin*, *Gutzkow* und *Schopenhauer*, hier entstand 1844 das berühmte Kinderbuch vom „Struwwelpeter" des Frankfurter Arztes *Heinrich Hoffmann*. Die Mundartdichtungen von *Karl Malß*, *Friedrich* und *Adolf Stoltze* sind hier so lebendig wie in Darmstadt der „Datterich" von *Ernst Niebergall*, in Wiesbaden die nassauischen Verse von *Rudolf Dietz*. Der „Darmstädter Kreis" schöngeistiger Zeitgenossen *Goethes* ist in die Geschichte ebenso eingegangen wie der Darmstädter Arztsohn *Georg Büchner* als einer der bedeutendsten Wegbereiter des modernen Dramas, wie die Rheinhessen *Stefan George* (Bingen-Büdesheim) und *Carl Zuckmayer* (Nackenheim bei Mainz). Heute sind mit Frankfurt *Bingel*, *Härtling*, *Heckmann*, *Herhaus*, *Krüger*, *Widmer*, *Zwerenz* und *Elisabeth Borchers* verbunden. Nicht ohne Grund findet jährlich in Frankfurt die *Internationale Buchmesse* statt und wird der begehrte *Goethepreis* der Stadt und der *Friedenspreis des Börsenvereins des deutschen Buchhandels* verliehen. Nicht von ungefähr befinden sich in Darmstadt, wo jährlich der *Büchnerpreis* zur Verteilung kommt, die *Deutsche Akademie für Sprache und Dichtung* und das deutsche *PEN-Zentrum*.

Feriengebiet Rhein-Main

Verkehrsverbindungen

Die Möglichkeit, das Rhein-Main-Gebiet zu erreichen und vom Zentrum in die Randzonen zu gelangen, sind ideal. Der mit London und Paris konkurrierende *Flughafen Rhein-Main* verbindet Frankfurt mit 175 Städten in 89 Ländern aller Erdteile (1977: 15 Millionen Fluggäste). Außerdem gibt es zwanzig *Landeplätze* für Motorflugzeuge.

Frankfurts *Hauptbahnhof* ist der größte der Bundesrepublik und Schnittpunkt wichtigster europäischer Fernverbindungen. Mehrere *Nebenbahnen* und *Autobuslinien* erschließen die Mittelgebirge.

Im *Frankfurter Autobahnkreuz* Hamburg—Basel/Köln—Würzburg—München treffen sich die *Europastraßen 4* und *5*. Seine übermäßige Frequenz wird durch die *Autobahn Frankfurt—Wiesbaden*, die Eckverbindung *Mönchhof—Darmstadt*, bald auch durch die *Frankfurter Osttangente* entlastet. Zwischen Offenbach und Darmstadt, Gießen und Hanau sind weitere Linien im Bau. Auch die *Umgehungen* von *Wiesbaden* und *Mainz* sind fertiggestellt.

Ein dichtes Netz von *Bundesstraßen* folgt uralten Verkehrswegen, die zum Teil in den Namen anklingen: *Bergstraße* (*B 3*, die „via montana" der Römer), *Nibelungenstraße* (*B 47*, Worms—Amorbach), *Rheingoldstraße* (*B 9*, Bingen—Koblenz), *Bäderstraße* (*B 260*, Wiesbaden—Schlangenbad—Schwalbach—Ems). Im Odenwald, Spessart und Vogelsberg folgen unsere Routen teilweise der *Deutschen Ferienstraße Alpen—Ostsee*.

Reisezeit und Feriengebiete

Das Rhein-Main-Gebiet ist das ganze Jahr hindurch Ziel von Millionen Reisenden. Frankfurt konnte 1977 über 2,4 Millionen Übernachtungen buchen (51,2% Ausländer). Zum Besuch der *Großstädte* empfehlen sich Frühling und Herbst. Im Sommer kann die Hitze drückend werden. Dann strömt alles in die kühlen *Gebirgswälder*. Die *Bergstraße* muß man im Frühlingskleid erleben, das *Weinland* im Herbst. In der warmen Jahreszeit sind die *Altrheingebiete* (Kühkopf, vgl. S. 22) wegen der Mückenplage kein angenehmer Aufenthalt.

Die bevorzugten Feriengebiete im rheinmainischen Raum sind *Rheingau*, *Rhein-* und *Nahetal*, der vordere und hintere *Hochtaunus*, die Höhen der *Wisper* und die Täler von *Aar* und *Weil*, das *Lahngebiet*, *Vogelsberg*, *Spessart*, *Odenwald* und *Bergstraße*. Viele *Gebirgsorte* sind noch Oasen der Ruhe bei mäßigen Preisen, während man in der Hauptreisezeit im *Rheinengtal* die lärmende Massentouristik hinnehmen muß. Besondere Anziehungskraft haben seit alters die *Badeorte*: die Weltbäder Wiesbaden, Homburg, Nauheim, Ems, Kreuznach, Schwalbach, Orb, aber auch die kleineren wie Schlangenbad, Salzhausen, Bad König. Sie schenken nicht nur dem Heilungsuchenden Gesundheit, sondern bieten auch dem Touristen Entspannung und Abwechslung. Sie sind die idealen, wenn auch nicht billigen, Standquartiere für Fahrten in die Umgebung.

Wanderwege

Taunus, Vogelsberg, Spessart und Odenwald sind von einem dichten *Wegenetz* überzogen, das von traditionsreichen *Wanderklubs* zuverlässig betreut wird. Zahlreiche *Parkplätze* mit *Rundwanderwegen* laden den Autofahrer ein: „Steig aus und wandre!" *Waldlehrpfade* eröffnen landschaftliche, biologische und forstliche Zusammenhänge. Für alle Gebiete sind die *Wanderkarten* des *Verlags Ravenstein*, Frankfurt a. M., zu empfehlen.

Wasser- und Wintersport

Der Wasserwanderer kann zwischen *Rhein*, *Main* und *Lahn* wählen. Die *Lahn* fließt ruhig durch eine idyllische Landschaft. Schiffsbegegnungen sind selten, die Schleusen unschwer zu überwinden, die Campingplätze leicht zugänglich. *Motorboot-* und *Segelsport* beschränken sich vorwiegend auf *Mittelrhein*, *Unterlahn* und *Untermain*, aber auch einige stehende Gewässer (*Gederner See*, *Kahler Seen*) sind beliebte Wassersportparadiese.

Zum *Skilaufen* eignen sich die Höhen über 600 m. Um den *Großen Feldberg* (880 m, Reifenberg, Nordhänge mit Schlepplift und Sprungschanze) betragen die Schneehöhen meist über 30 cm. Schneesicher ist der *Hohe Vogelsberg* (Hoherodskopf 763 m,

Taufstein 774 m, Herchenhainer Höhe 733 m), wohin von Frankfurt Ski-Sonderzüge verkehren. Die *Neunkircher Höhe* (605 m) und die *Hohe Wurzel* (674 Meter, mit Rodelbahn) sind die „Hausberge“ der Großstädte *Darmstadt* und *Wiesbaden.*

Hotels

Frankfurt gilt seit jeher als die „Schule der Gastronomie“. Die Weltbäder stehen der hessischen Metropole darin nicht nach. Komfort und Service sind zwar nach *Preisklasse* (Übernachtung 25–130 DM) verschieden, überall aber findet man selbstverständliche Gastlichkeit, nicht nur in der Stadt mit ihren bekannten *Spezialitätenlokalen* und *Restaurants mit Lokalkolorit* (Sachsenhausen), sondern auch in der Umgebung, die weithin großstädtische Maßstäbe zeigt. Weiter draußen sinken die Preise, abgesehen von so ausgesprochenen Fremdenzentren wie dem Rheingau, erheblich, bis zur *Vollpension* zu DM 20,–. „Ferien auf dem Bauernhof“ und „Hobbyurlaub“ (Tennis, Reiten, Segeln, Drachenfliegen) sind beliebt. Mehrere Hotels im Taunus und Odenwald verfügen über *Reitpferde* und *Schwimmbad.*

Jugendherbergen und Camping

In unserem Reisegebiet liegen etwa 40 *Jugendherbergen* ⚠ (Frankfurt: 500 Betten). Auskünfte, z. B. über die Möglichkeit des Familienwanderns, erteilt das ***Deutsche Jugendherbergswerk, Landesverband Hessen, 6 Frankfurt a. M. 70, Stegstraße 33.***

Das rheinmainische Reiseland verfügt über vorbildliche Campingeinrichtungen. Die offiziellen *Campingplätze* ⛺, die alle Annehmlichkeiten bieten, finden Sie in allen Wander- und Autokarten verzeichnet.

Auskünfte

Auskünfte über Ferienorte und Veranstaltungen erteilen die *Landesverkehrsverbände:* Hessische Landeszentrale für Fremdenverkehr, Wiesbaden, Postfach 3107; Fremdenverkehrsverband Rheinland-Pfalz, Koblenz, Postfach 1420; Fremdenverkehrsverband Nordbayern, Nürnberg 4, Postfach 269. Prospekte können auch von den *örtlichen Verkehrsbüros* (Frankfurt: Verkehrsverein im Hauptbahnhof, Presse- und Informationsamt am Römerberg) in der Regel unentgeltlich bezogen werden.

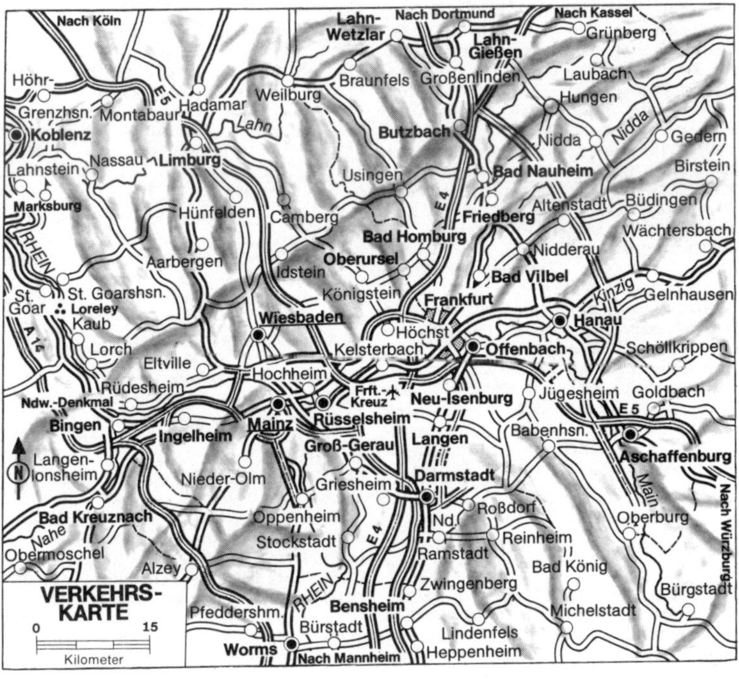

Frankfurt am Main

Frankfurt am Main (88 bis 212 m; 636000 Einw.), die altberühmte *Handelsstadt*, Mittlerin zwischen Nord und Süd, ist die *größte Stadt Hessens* und landesunmittelbar. 29 eingemeindete Vororte verteilen sich auf 222 qkm beiderseits des im Stadtgebiet 28 km langen Mainlaufs.

Frankfurt ist *kommerzieller Mittelpunkt der Bundesrepublik* mit einem Gesamtsteueraufkommen von 7,4 Milliarden DM (1976). Seine *Wirtschaft* (Handel, Geldinstitute, Verlage, chemische, feinmechanische und Elektroindustrie) genießt Weltruf, seine internationalen *Ausstellungen* (Frühjahrs- und Herbstmesse, Buchmesse, Automobilausstellung, ACHEMA, Interstoff u. a.) gelten als Wirtschaftsbarometer. Wichtige Bundes- und Landesämter, Spitzenverbände und ausländische Vertretungen bestätigen die *Zentralfunktion* der Stadt. 16 Theater, 11 Museen, 35 Galerien, bedeutende Bibliotheken, Archive, Hochschulen und Institute partizipieren am größten Kulturetat aller Städte der Bundesrepublik. Nirgends ist die *Verkehrsdichte* größer, suchen täglich mehr „Pendler" ihre Arbeitsstätten in der City auf. Dabei hat die „amerikanischste" Stadt Deutschlands mit ihren imposanten *Hochhäusern*, *Trabantensiedlungen* (Nordweststadt 1960–68 für 20000 Bewohner mit modernem Kultur- und Geschäftszentrum) und *Verkehrseinrichtungen* (U-Bahn 1968) durchaus Atmosphäre. Man spürt sie vor den Auslagen der Ladenstraßen, auf der Mainpromenade, in den Museen, den gepflegten Grünanlagen, dem unvergleichlichen Stadtwald und natürlich beim „Äppelwoi" in Sachsenhausen.

GESCHICHTE

794 wird „Franconofurd" als *fränkische Pfalz* genannt. Sie stand westlich des Domhügels, wo ein bronzezeitlicher Siedlungskern schon eine römische Militärstation trug. Die Residenz karolingischer Könige („Archäol. Garten" vor dem Domturm) wandelte sich zur Handelssiedlung und Keimzelle der *Reichsstadt*, als die Staufer ihre Burg (Saalhof) an den Main verlegten.

Um 1180 ist Frankfurt ummauert (*Altstadt* innerhalb der „Grabenstraßen", Reste der *Staufenmauer* an der Fahrgasse), sein Stadtrecht verbreitet sich in weitem Umkreis. Im 13. Jahrhundert entwickelt sich Frankfurt zum europäischen *Messezentrum*. Zur älteren *Herbstmesse* tritt 1330 die *Frühjahrsmesse*. 1333 vergrößert sich das Stadtgebiet bis zum heutigen Anlagenring (*Innenstadt*). Von der *Befestigung*, die Sachsenhausen einschloß, stehen noch *Eschenheimer Turm* (1428), *Renten-* (1456) und *Kuhhirtenturm* (1490, in Sachsenhausen), von der die Stadt in einem Abstand von 3 km umgebenden *Landwehr* (15. Jh.) die *Sachsenhäuser*, *Gallus-*, *Bockenheimer* und *Friedberger Warte*. Schon früher hatten in Frankfurt *Königswahlen* stattgefunden. Die *Goldene Bulle* (1356) verband sie gesetzlich mit der Reichsstadt, die 1562 auch die Krönung an sich zog. Im 16. Jahrhundert brachten *niederländische und französische Flüchtlinge* sowie *italienische Kaufleute* neue Wirtschaftsimpulse. Das *Bank- und Börsengeschäft* (Bethmann, Rothschild) trat an die Stelle der nach Leipzig abwandernden Messe.

Aus der napoleonischen Zeit, in der Frankfurt 1806—13 *Sitz des Fürstprimas des Rheinbundes* und seit 1810 Hauptstadt seines *Großherzogtums Frankfurt* war, ging Frankfurt als *Freie Stadt* und *Sitz der Deutschen Bundesversammlung* (1816—66) hervor. 1848/49 tagte in der Paulskirche die *Nationalversammlung*, das erste gesamtdeutsche Parlament. 1866 wurde Frankfurt von *Preußen* annektiert, entwickelte sich aber, wenn auch ohne staatliche Zentralfunktion, seit der Gründerzeit dank seiner günstigen Lage zur *Großstadt*. Bürgerliche Stiftungen ermöglichten 1912 die Gründung der *Johann-Wolfgang-Goethe-Universität*. 1944 wurde die gotische Altstadt völlig vernichtet (Modell 1:200 im Historischen Museum). Der *Wiederaufbau* hat das Stadtbild radikal verändert, doch wurden einige wenige wesentliche Baudenkmäler restauriert.

RUNDGANG

Historischer Stadtkern ist der

Dom St. Bartholomäus [1], die deutsche Wahl- und Krönungskirche. Anstelle der karolingischen Pfalzkapelle entstand 1250—69 das *gotische Langhaus*, eine nahezu quadratische dreischiffige Halle (netzgewölbte *Scheidskapelle* 1487). Im *Chor* (1315—49) blieben das beachtliche *Gestühl* (1352) und die *Tumba* (1352, jetzt an der Südwand) vom *Grab des Königs Günther von Schwarzburg* († 1349) erhalten, während der *Bartholomäusfries* (1427) stark verblaßte. Der *Hochaltar* (um 1470) stammt aus Salzwedel. Von höchstem Rang sind die Plastiken seitlich des Chors, links der ausdrucksvolle *Maria-Schlaf-Altar* (Ton, 1434), rechts eine monumentale *Grablegung* (um 1440). Dahinter befindet sich die schlichte *Wahlkapelle*. Auch das ausladende, auf die Krönung berechnete *Querschiff* (1346—69) ist reich an Kunstwerken. Wir beachten die aus der Bauzeit stammenden *Portale* (mit modernen Türen von *Hans Mettel*), den feingliedrigen *Muttergottesbaldachin*, das reiche *Sakramentshaus* (beide Ton, 15. Jh.) und die musealen Schnitzaltäre. Besonders schön ist der *Holzhausen-Doppelgrabstein* (1371). 1415 begann *Madern Gertener* († 1430) den machtvollen 95 m hohen *Westturm* (383 Stufen, gesperrt), den eine originelle *Steilkuppel* (1504) krönt (Laterne 1877 nach altem Plan). In der *Turmhalle* (schöne Portale) steht jetzt die 1509 für den Kirchhof gestiftete *Kreuzigung* von *Hans Backoffen* (Kopie hinter dem Dom). Das Relief des geschundenen *Bartholomäus* an der Außenwand des *Kreuzgangs* schuf *Hans Mettel* 1957.

Das *Leinwandhaus* (1396) südlich des Doms, ein gotischer Hallenbau, ist noch Kriegsruine. Wiederaufgebaut wurde das im Typ ähnliche *Steinerne Haus* [2], ein repräsentatives Patrizierhaus von 1464 (innen modern, jetzt *Frankfurter Kunstverein*).

Westlicher Abschluß des einst sehr geschlossenen *Römerbergs* (*Gerechtigkeitsbrunnen* 1611) ist der

Römer [3], die *Fünfgiebelfassade* der seit 1405 zum *Rathaus* zusammengewachsenen Häuser (von links) *Alt-Limpurg*, *Römer* (Türen, Balkon und

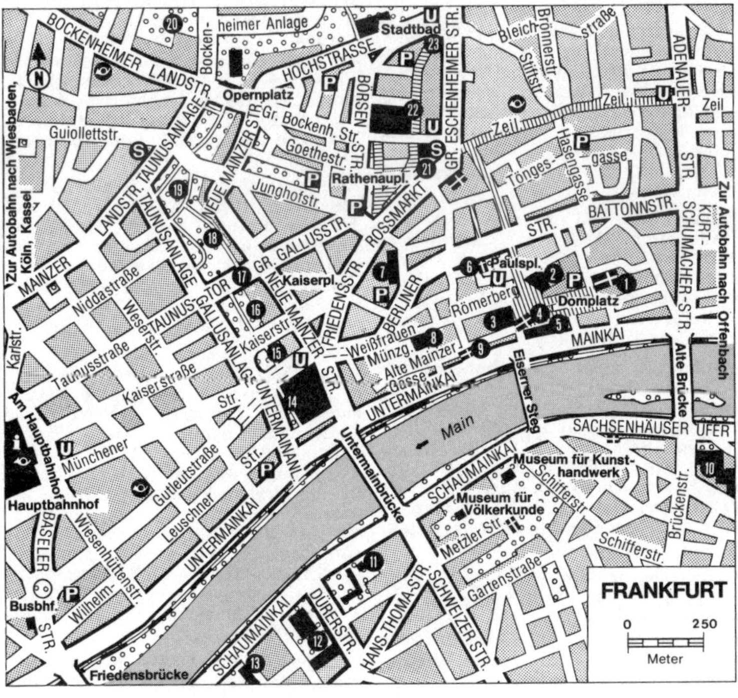

Römer

Plastiken 1897), *Löwenstein, Frauenstein, Salzhaus* (mit Resten der Schnitzfassade von 1610). Das Innere (Bürgermeisterporträts vor dem Magistratssaal) präsentiert sich heute modern, der *Kaisersaal* (mit 52 Kaiserbildern 1842 bis 1853 u.a. von *Rethel, Steinle* und *Veit*) über der gotischen Messehalle in historisierender Form. Von den Hinterhäusern sind (südlich) das *Haus Silberberg* (1595) mit schöner Tordurchfahrt und *Römerhöfchen* (köstlicher Treppenturm 1627, Herkulesbrunnen 1904) und (nördlich) das *Haus Goldener Schwan* (1731, mit gotischer *Schwanenhalle*) bemerkenswert. Die

Nikolaikirche [4] ist eine originelle Hallenkirche (13./15. Jh., *Glockenspiel* 9.05, 12.05 und 17.05 Uhr) mit schlankem Turm, reichverzierter Dachgalerie und innen mit einem bemerkenswerten Epitaph (um 1410) für *Siegfried zum Paradies* († 1386). Der

Saalhof [5], einst die staufische Kaiserpfalz, von der Bergfried, Palas und die schöne *Saalhofkapelle* (um 1200) erhalten blieben, ist ein Komplex jüngerer Bauten (Bernusbau 1717, Burnitzbau 1840, Historisches Museum 1972) um den *Rententurm* (1456). Gegenüber blieb *Haus Wertheim* (um 1600) als einziges von 2000 Fachwerkhäusern erhalten. Die klassizistische

Paulskirche [6], ursprünglich ein Emporenbau (1789—1833), Stätte der *Nationalversammlung 1848/49*, hat durch die Umgestaltung zum *Festsaal* (1948) sehr verloren. — Im *Großen Hirschgraben* wurde 1951 das

Goethehaus [7], das Elternhaus des 1749 dort geborenen Dichters, in der Form von 1756 rekonstruiert. Angeschlossen ist das *Goethemuseum* des Freien Deutschen Hochstifts. Vom

Karmeliterkloster [8] ist die Kirche (13./15. Jh.) noch Ruine. Im *Kreuzgang* (1462—90) sind nur Reste der einst 80 m langen *Ratgeb-Fresken* (1514—23) erhalten. In den modernisierten Klostergebäuden befinden sich das *Stadtarchiv* und Ausstellungen des *Museums für Kunsthandwerk.* – Besondere Beachtung verdient die

Leonhardskirche [9], von deren Gründungsbau (1219) die *romanischen Türme* und ausgezeichnete *Portale* (jetzt im Innern) erhalten sind. Der *Chor* (1425—34) gehört zu den schönsten seiner Art. Das 1500—20 zur Emporenhalle umgebaute fünfschiffige *Langhaus* ist von malerischem Reiz, bemerkenswert auch das *Salvatorchörlein* (1508) mit seinem hängenden Gewölbe.

Über den *Eisernen Steg* (1868) gelangen wir nach *Sachsenhausen.* An der *Alten Brücke* (12. Jh., Neubau 1926, Nachbildung des Brückenkreuzes 1968) wurden das *Deutschordenshaus* [10] von 1709—15 und die *Deutschordenskirche* (14. Jh.) wiederhergestellt. Dahinter liegt das Sachsenhäuser ,,Äppelwoizentrum" mit zahlreichen Brunnen, u. a. dem „spritzigen" *Frau-Rauscher-Brunnen* (1961).

Am *Sachsenhäuser Ufer* folgen auf die neugotische *Dreikönigskirche* (1880) das *Museum für Kunsthandwerk*, das *Völkerkundemuseum*, das *Bundespostmuseum* [11], das *Städelsche Kunstinstitut* [12], eine der bedeutendsten deutschen Galerien, und das *Liebieghaus* [13], Museum alter Plastik (*Schaumainkai* 15, 29, 53, 63, 71).

Angesichts der berühmten Stadtsilhouette kehren wir über die *Untermainbrücke* auf das nördliche Ufer zurück, wo das mit Exoten bepflanzte „Nizza" (Sonnenuhr 1951) zu den 4 km langen *Wallanlagen* überleitet. – In der *Untermainanlage* steht neben dem *Märchenbrunnen* (1910) das *Theater* [14], die Zusammenfassung (1963) von Oper, Schauspiel und Kammerspiel, mit eigenwilligem, 120 m langem Foyer („Goldwolken" von *Zoltan Kemeny*, „Commedia dell'arte" von *Marc Chagall*).

Es folgen in der *Gallus-* und *Taunusanlage* das *Goethedenkmal* [15] von

Schwanthaler (1844), das *Mahnmal Den Opfern* [16] von *Benno Elkan* (1920), das *Schillerdenkmal* [17] von *Johann Dielmann* (1864 enthüllt), das *Heinedenkmal* [18] von *Georg Kolbe* (1913), das *Beethovendenkmal* [19] *Kolbes* Hauptwerk (1951 aufgestellt), und andere bis zum *Marshallbrunnen* (1963 von *Toni Stadler*) vor der Ruine des *Alten Opernhauses* (1880). Am *Opernplatz* [20] beginnt das *Westend*, wohin sich heute mit markanten Hochhäusern (*Zürichhaus* 1962) die City ausdehnt. Im *Rothschildpark* [21] ist *Kolbes Ring der Statuen* (1954) bemerkenswert.

In der *Bockenheimer Anlage* folgt auf das Stadtbad Mitte das *Nebbiensche Gartenhaus* [22] (um 1810, Ausstellungen). Am

Eschenheimer Turm [23], einem der schönsten deutschen Stadttore (1428), kehren wir durch die *Schillerstraße* (Fußgängerzone) in die *Innenstadt* zurück.

Gegenüber der *Neuen Börse* [24] (1879; *Besuchergalerie montags bis freitags 11.30 bis 13.30 Uhr*) beachten wir die Ausstellungen im *Frankfurter Kunstkabinett*. Östlich führt eine Passage vom *Börsenplatz* zur *Großen Eschenheimer Straße*, wo das 79 m hohe *Fernmeldehochhaus* (1956) der Deutschen Bundespost hinter den Portalbauten (1734) des zerstörten *Thurn-und-Taxis-Palais* aufragt [25]. Wenige Schritte nach rechts, und wir stehen an der

Hauptwache [26], dem verkehrsreichen Stadtzentrum mit *U-Bahnhof* (1968) unter dem originalgetreu wiederaufgebauten *Hauptwachengebäude* von 1730 (jetzt Café). Hier beginnt die *Zeil*, die Straße der Kaufhäuser. Die Südseite des Platzes begrenzt die *Katharinenkirche* [27] von 1681 (innen modernisiert, Glasfenster 1954 von *Carl Crodel*). Die

Katharinenkirche

Liebfrauenkirche [28] ist eine *dreischiffige*, nach Kriegsbeschädigung flachgedeckte *Hallenkirche* (14./15. Jh.) mit hohem, sterngewölbtem *Chor*, *Bildnisgrabstein* des Stifters *Wigel von Wanebach* († 1322) und kunstvollem *Südportal* (um 1420, jetzt von innen zugänglich) von *Madern Gertener*.

RUNDFAHRT

Nördlich des *Hauptbahnhofs* (1888) führt die *Friedrich-Ebert-Anlage* zum *Messegelände* mit der *Festhalle* (1908), einem riesigen Kuppelbau von *Friedrich von Thiersch*. Die rechts abbiegende *Senckenberganlage* durchschneidet das Universitätsviertel mit dem *Naturmuseum Senckenberg* (links), das Weltruf genießt. Wir kreuzen die *Bockenheimer Landstraße*, die links zur *Bockenheimer Warte* (1435) führt. Links die *Stadt- und Universitätsbibliothek* (1964, mit Schopenhauerarchiv), rechts in der *Zeppelinallee* die *Deutsche Bibliothek* (1959), dahinter (Zugang von der Bockenheimer Landstraße) der 20 ha große *Palmengarten* (seit 1869), der an den *Grüneburgpark* grenzt. Den östlichen Abschluß bildet das *IG-Hochhaus* (1928—30, jetzt US-Behörden), mit 240 m Länge und rund 2000 Räumen eines der monumentalsten Verwaltungsgebäude. Im *Holzhausenpark* liegt das 1722 nach Plänen von *Remy Delafosse* erbaute *Holzhausenschlößchen* (*Museum für Vor- und Frühgeschichte*).

Nach dieser Exkursion durch die Parks des West- und Nordends folgen wir weiter dem *Alleenring*. Hinter Verwaltungsgroßbauten an der *Adikkesallee* (*Oberfinanzdirektion* 1954—55, klinkerverkleidet) liegt in der *Bertramstraße* der ausgedehnte Komplex des *Hessischen Rundfunks*.

Wir kreuzen die *Eckenheimer Landstraße*, auf die der denkmalreiche *Hauptfriedhof* (Altes Portal 1828) stößt. Der Zugang zum *Alten Israelitischen Friedhof* (Rothschildgräber) liegt in der *Rat-Beil-Straße*. Nach 1 km biegen wir von der *Habsburger Allee* rechts ab in die *Wittelsbacher Allee*, die zum *Frankfurter Zoo* (gegr. 1858), einem der artenreichsten Tiergärten mit großen Zuchterfolgen (Exotarium, Vogelhaus, Menschenaffenhaus, Fritz-Rémond-Theater), hinführt.

Über die *Obermainbrücke* (mit dem Portikus der *Alten Stadtbibliothek* 1825)

fahren wir nach *Sachsenhausen* und beschließen die Rundfahrt mit einem Rundblick vom 117 m hohen *Henningerturm* (1961), einem riesigen Getreidesilo (Drehrestaurant in 100 m).

PRAKTISCHE HINWEISE

Flughafen Rhein-Main.

Nach allen Richtungen.

Nach allen Richtungen.

Mainz–St. Goarshausen (Sommer).

„Canadian Pacific", „Frankfurter Hof", „Hessischer Hof", „Intercontinental", „Parkhotel", „Savoy". – Am Flughafen: „Airporthotel", „Eurocrest", „Sheraton".

„Admiral", „An der Messe", „Arabella", „Jaguar", „National". – In Höchst: „Höchster Hof".

„Kolpinghaus", „Münchener Hof", „Palmenhof", „Westfälinger Hof", „Württemberger Hof".

Haus der Jugend, Deutschherrnufer 12.

Niederrad, Heddernheim.

Stadionbad u.a., 6 Hallenbäder.

Pferderennbahn Niederrad.

Kunsteisbahn Waldstadion.

UMGEBUNG

Höchst, 9 km westlich des Zentrums, ehedem kurmainzisch, 1803—66 nassauisch, dann preußisch, wurde 1928 eingemeindet. Der seit 1355 städtische Vorort wird heute durch die Werke der *Hoechst AG* (gegr. 1863) geprägt, deren *Jahrhunderthalle* (1963), eine riesige Mehrzweckhalle mit 4000 Plätzen (Kuppel 90 m Durchmesser, Theater, Konzerte), sich als ein markantes Werk moderner Baukunst präsentiert. In der *Justinuskirche* kontrastiert das *karolingische Langhaus* (9. Jh., prächtige *Säulenkapitelle*) mit dem *spätgotischen Chor* (15. Jh.). Vom *Schloß* (jetzt Werks- und Heimatmuseum) blieben der Bergfried (14. Jh., Kuppel 1681), ein Wohnbau und der mit einem Martinsrelief geschmückte *Torbau* (16. Jh.) erhalten. Der *Bolongaropalast* (1772—75, jetzt Stadtverwaltung) mit mainseitigem Park (Pavillons, Gartenplastiken) war die Residenz eines vermögenden Tabakfabrikanten. An der Mainseite ist die *Stadtbefestigung* (15. Jh., mit schönem Maßwerkfries) erhalten. Die graziösen Kleinplastiken der *Höchster Porzellanmanufaktur* (1746—96) sind begehrte Museumsstücke.

Offenbach, 5 km südöstlich von *Frankfurt*, ist eine kreisfreie Industriestadt („Stadt der Lederwaren") mit 115000 Einwohnern. Der münzenbergische Ort kam 1418 an die *Grafen von Isenburg* und belebte sich seit 1698 durch den Zuzug reformierter Glaubensflüchtlinge. 1816 fiel Offenbach an *Hessen-Darmstadt*. Der letzte Krieg hat das alte Stadtbild zerstört, doch lohnt allein das *Renaissanceschloß* (1564 bis 1572) mit seinen hofseitigen doppelstöckigen Loggien den Besuch. Das *Deutsche Ledermuseum* (*Frankf. Str. 86*) und das *Klingspormuseum* für moderne Buch- und Schriftkunst (*Herrnstraße 80* im Büsingschen Palais, um 1780) wie die zweimal jährlich stattfindende *Internationale Lederwarenmesse* sind von bedeutender Zugkraft. Im Stadtteil *Rumpenheim* (3 km nordöstlich) ist das *Schloß* (1780—90) noch teilweise zerstört.

„Euler", „Graf", „Handelshof", „Hansa" (garni), „Kaiserhof", „Offenbacher Hof" (garni). — . — .

Die *B 43* führt nach dem 13 km entfernten

Steinheim, einem altertümlichen, 1425 bis 1802 mainzischen Städtchen (heute Stadtteil von *Hanau*), mit sehenswertem *Schloß* (1425—31), *Pfarrkirche St. Johann Baptist* (15./16. Jh.) und weithin erhaltener *Stadtbefestigung*.

Heusenstamm (17000 Einw.), 5 km südöstlich *Offenbach*, war Residenz der *Grafen von Schönborn* (*Schloß* 1663 bis 1668, unvollendet). Die von *Balthasar Neumann* entworfene *Pfarrkirche* (1744) mit weiträumigem Innenraum und zierlichem Rokokoaltar zählt zu den Kostbarkeiten des *fränkischen Barocks*. Der zum Andenken an *Kaiser Franz I.* Besuch (1764) um 1770 errichtete *Torbau* vor der Kirche blieb erhalten. — „Schloßhotel". — Hallen.

Es empfiehlt sich, westlich über *Forsthaus Gravenbruch* (, , Autokino) auf der *B 459* nach *Frankfurt* zurückzukehren oder evtl. noch (*B 46*)

Dreieichenhain, 13 km südlich *Frankfurt*, zu besuchen, wo die *Stammburg* der *Herren von Hagen-Münzenberg* auf das 11. Jahrhundert zurückgeht.

Wiesbaden

Wiesbaden (117 m; 260000 Einw.), Landeshauptstadt von *Hessen*, ist eine internationale Kur- und Kongreßstadt, eingebettet in eine zum *Rhein* hin offene Mulde des *Taunussüdhangs*. 27 *Kochsalzquellen* (Rheuma, Katarrhe), die zum Teil in den Hotels zutage treten, spenden täglich 2 Millionen Liter Wasser. Wiesbaden hat bedeutende chemische und Zement-Werke, Sektkellereien und Verlage.

GESCHICHTE

Wiesbaden (829 *Wisibada*) war bereits ein römischer Badeort (*Aquae Mattiacae*, 1./4. Jh.). In das Reichsgebiet um Wiesbaden (*Königssondergau*) rückten im 13. Jahrhundert die *Grafen von Nassau*, die zwar Weilburg und Idstein bevorzugten, aber das Badeleben förderten. 1744 wurde die nordwestlich vom Schloßplatz gelegene Kleinstadt *Residenz* der Linie *Nassau-Usingen*. Mit dem *Herzogtum Nassau* (seit 1816) fiel Wiesbaden 1866 an *Preußen*, blieb aber Hauptstadt des *Regierungsbezirks Wiesbaden*. Durch den Aufstieg zum internationalen *Weltbad*, bedeutende Industrieansiedlungen am verkehrsgünstigen Rheinufer und die Eingemeindung der Vororte (*Biebrich* 1926 u. a.) entwickelte sich Wiesbaden zur Großstadt. Seit 1946 ist Wiesbaden *Hauptstadt von Hessen*. Die im 19. Jahrhundert von Grund auf neu gebaute Stadt besitzt kaum Zeugen älterer Baukunst. Auch die einst typischen klassizistischen Fassaden (*Friedrichstraße, Luisenstraße, Luisenplatz*) sind bis auf wenige Beispiele verschwunden. Moderne Großbauten wetteifern heute mit den Prachtbauten und Denkmälern der Wilhelminischen Zeit, in der Wiesbaden das Eldorado der deutschen und russischen Millionäre war.

SEHENSWÜRDIGKEITEN

Der Fremdenverkehr pulsiert um den

Kurplatz [1], an den sich östlich die hufeisenförmigen *Kuranlagen* [2] mit zwei *Kaskadenbrunnen* von 1855 anschließen. Der nördlichen *Brunnenkolonnade* (1825) entspricht die südliche *Theaterkolonnade* (1839) mit den drei Bühnen des *Hessischen Staatstheaters* (Hauptbau 1892—94, Foyer 1902). Den östlichen Platzabschluß bildet das *Kurhaus* [3], ein Prunkbau von *Friedrich von Thiersch* (1904—07) mit prachtvollen Innenräumen (Großer Konzertsaal, Kleiner Konzertsaal, dem Kursaal von 1810 nachgebildet, Spielbank). Dahinter dehnt sich der langgestreckte *Kurpark*. Die

Wilhelmstraße [4] ist eine elegante Promenade neben den *Anlagen am Warmen Damm*. Das formschöne *Prinzenpalais* [5] Ecke *Friedrichstraße* erbaute *Johann Christian Zais* 1813 bis 1817. Am Ende der Wilhelmstraße befinden sich das *Städtische Museum* [6] mit Altertümersammlung und Gemäldegalerie und die *Rhein-Main-Halle* [7], eine 1956 erbaute Mehrzweckhalle mit 4000 Plätzen. Auf dem

Luisenplatz [8] erinnert das *Waterloo-Denkmal* (1865), ein hoher Obelisk, an die in den Befreiungskriegen gefallenen Nassauer. Die *Bonifatiuskirche* [9] von 1844—49 schmücken Altartafeln von *Alfred Rethel* und *Ed. von Steinle*. Am

Schloßplatz [10] blieben der *Löwenbrunnen* (1753) und das *Alte Rathaus* [11] von 1610 (Obergeschoß 1828) erhalten. Im *Schloß* [12], dem klassizistischen Stadtpalais der *Herzöge von*

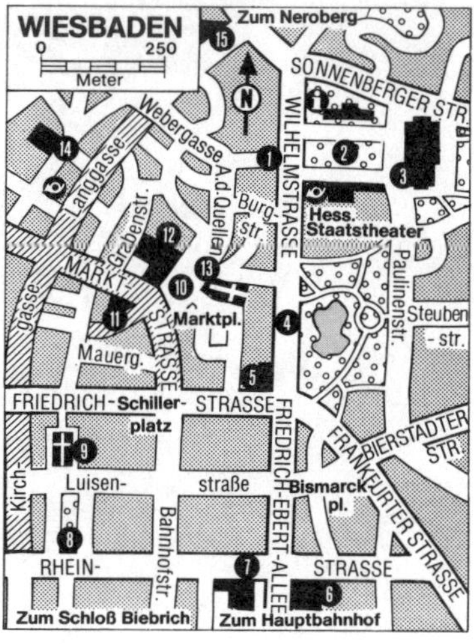

Nassau, einer schlichten zweiflügeligen Anlage (1837—41 nach Plänen von *Georg Moller*) an Stelle der mittelalterlichen Burg, residiert heute der *Hessische Landtag*. Die *Innenräume* (Treppenhaus, Speisesaal, Festsaal, Pompejanisches Zimmer, Konzertsaal) mit teilweise erhaltenem Dekor sind sehenswert. An das Schloß schließt sich das *Kavaliershaus* (1826) an. Die *Marktkirche* [13] ist ein imposanter fünftürmiger Backsteinbau von 1853–62, das *Rathaus* daneben stammt im Kern von 1884–87. Durch die neue Fußgängerzone finden wir zur

Heidenmauer [14], dem Rest der römischen Befestigung (um 370) mit *Torbau* und *Wehrgang* von 1902. Wie beschließen den Rundgang am

Kochbrunnen [15], der allein täglich 500000 Liter Thermalwasser von 65,7°C liefert.

PRAKTISCHE HINWEISE

An den Strecken Dortmund—Basel/München/Passau und nach Mainz/Darmstadt—Aschaffenburg, Niedernhausen/Bad Schwalbach—Limburg.

Nach allen Richtungen.

Köln—Rotterdam, Mainz—Basel.

Zum Neroberg.

„Aukamm-Hotel", „Forum".

„Bären", „Blum", „Centralhotel", „Condor", „Fürstenhof", „Hansa", „Klee" (garni), „Oranien".

„Albany" (garni), „Einhorn".

– . – und Thermal-.

AUSFLÜGE

1. **Neroberg.** Unterhalb des 2 km nördlich vom Zentrum gelegenen Aussichtspunkts (245 m, Standseilbahn,) befinden sich das *Opelbad* und die *Griechische Kapelle*, das Mausoleum für *Herzogin Elisabeth* († 1845), eine russische Großfürstin. Das

2. **Biebricher Schloß** (1700—44), 4 km vom Zentrum, die nassauische Sommerresidenz, im wesentlichen das Werk von *Maximilian von Welsch*, liegt beherrschend am *Rhein* vor einem 50 ha großen *englischen Park* (1811 von *Ludwig von Sckell*, jährlich zu Pfingsten „Internationales Reitturnier") mit einer beachtlichen *Kunstruine* (1806).

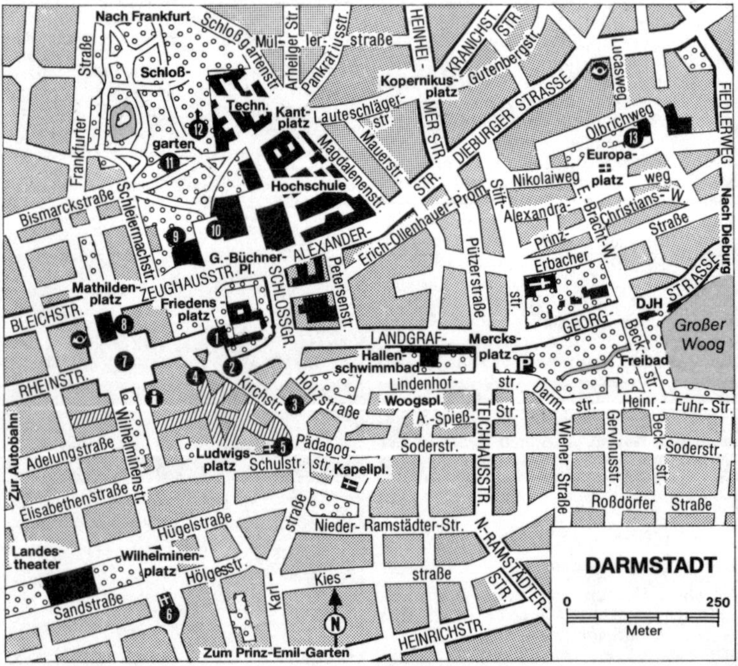

Darmstadt

Darmstadt (146 m; 145000 Einw.), reizvoll zwischen *Ried* und *Odenwald* gelegen, ist Hauptstadt des *Regierungsbezirks Darmstadt.* Wissenschaft, Kultur und Wirtschaft prägen seine ausgesprochen geistige Physiognomie, repräsentiert durch die *Technische Hochschule*, die *Deutsche Akademie für Sprache und Dichtung*, die jährlich den begehrten *Georg-Büchner-Literaturpreis* vergibt, das *Europäische Operationszentrum für Weltraumforschung* und eine weltbekannte *chemische Industrie.*

Das *Internationale Musikinstitut* ist eine der bedeutendsten Pflegestätten neuer Musik in Europa, das *Darmstädter Gespräch* ein internationales Diskussionsforum für Politik, Wissenschaft und Kunst. Aus Darmstadt stammen der Goetheförderer *Johann Heinrich Merck* († 1791), der Chemiker *Justus Liebig* († 1873), der Dramatiker *Georg Büchner* († 1837) und der Schriftsteller *Kasimir Edschmid* († 1966).

GESCHICHTE

Als *Darmundestat* („Siedlung des Darimund") im 11. Jahrhundert zuerst genannt, entwickelte sich Darmstadt im Anschluß an eine *Wasserburg* der *Grafen von Katzenelnbogen*, die das ehemals königliche Gebiet 1226 vom *Bistum Würzburg* zu Lehen nahmen. 1479 fiel ihr Erbe an die *Landgrafen von Hessen.* Die Landesteilung von 1567 begründete die *Linie Hessen-Darmstadt.* Die Landgrafen (seit 1806 Großherzöge) förderten Künste und Wissenschaften. Im „Kreis der Empfindsamen" um *Landgräfin Karoline* († 1774) trafen sich *Goethe*, *Herder* und *Wieland. Großherzog Ludewig I.* († 1830) gab der kleinen Residenz durch seinen Architekten *Georg Moller* (seit 1810) das noch heute nachwirkende klassizistische Gepräge. *Großherzog Ernst Ludwig* (1892—1918) machte Darmstadt zum *Zentrum des Jugendstils.* 1944 wurde die Hauptstadt des *Volksstaates Hessen* (1918—45) fast völlig zerstört, doch sind die bekanntesten historischen Bauten (unversehrt blieben nur *Prinz-Georg-Schlößchen* und *Orangerie*) in dezent moderner Umgebung neu erstanden.

SEHENSWÜRDIGKEITEN

Mittelpunkt der Stadt ist das

Schloß [1], eine schlicht-monumentale Planung von *Louis Remy Delafosse*, von der 1716—26 ein Viertel ausgeführt wurde. Sein nach Nordosten offenes Rechteck ummantelt das *Altschloß* aus der Renaissance, das sich um den inneren *Kirchenhof* gruppiert. Ältester Teil, im Kern der Palas der *Wasserburg* (14. Jh.), ist der schrägstehende nordwestliche *Herrenbau*, an den sich der *Weißesaalbau* (1512) anschließt. Die Verbindung zum östlichen *Kirchenbau* (1595—97, mit schönem *Portal* 1709) bildet eine reich ornamentierte *Tordurchfahrt* unter hofseitigen *Loggien.* Der vorgelagerte *Paukergang* schließt außen mit dem hübschen *Wallhäuschen* (1627) ab. In den südlichen *Glockenhof* gelangt man durch den diamantierten *Silberbogen* des *Kaisersaalbaus* (1595—97). In dem östlich abschließenden *Glockenbau* (1663—71, das *Glockenspiel* von 1670, erneuert 1951) befindet sich das *Schloßmuseum* mit der „Darmstädter Madonna" (um 1526) von *Hans Holbein d. J.* und kulturgeschichtlichen Raritäten des höfischen Lebens. Die modernisierten Räume des Altschlosses werden heute von der *Technischen Hochschule*, die des Barockschlosses (mit schönen *Gittern* von 1845) von der *Landesbibliothek* (mit der *Totenmaske Shakespeares*) und dem *Staatsarchiv* genutzt. Der repräsentative, pilastergegliederte und mit Allegorien geschmückte *Torbau* der Südfront öffnet sich zum

Marktplatz [2] mit *Marktbrunnen* (1780) und *Rathaus* [3], einem dreigeschossigen Renaissancebau von 1588 bis 1590 (Portal 1676). Der *Weiße Turm* [4], ein Rundturm mit Kuppel von 1706—08, blieb als Teil der *Stadtbefestigung* (14. Jh.) zwischen modernen Kaufhäusern erhalten. Die

Stadtkirche [5] aus dem 14. Jahrhundert wurde mehrfach verändert. Der *Turm* erhielt sein oberstes Geschoß 1627—31, das *Langhaus* wurde 1952 bis 1953 zur Halle vereinfacht. Sehenswert ist der *gotische Chor* (um 1419—31) mit seinen *Grabdenkmälern*, besonders

Mathildenhöhe

dem gewaltigen Alabasterepitaph für *Landgraf Georg I.* und *Landgräfin Magdalena* (1589) und dem reizenden Kinderepitaph für *Erbprinz Philipp Wilhelm* (1579). Unter dem Chor befindet sich die *Fürstengruft* (nach 1587, 1620—30 erneuert). Die

Ludwigskirche [6], 1822—38 von *Georg Moller* erbaut, ist ein klassizistischer Rundbau nach dem Vorbild des Pantheons in Rom (vereinfacht). 28 Säulen tragen die 28 m weite und 14 m hohe Kuppel. Dem

Luisenplatz [7] gibt die 40 m hohe *Ludwigssäule*, ein seltenes Beispiel ihrer Art in Deutschland, den städtebaulichen Akzent. Sie wurde 1844 nach einem Entwurf von *Moller* zur Erinnerung an *Großherzog Ludewig I.* errichtet, dessen Standbild von *Schwanthaler* sie krönt (schöne Rundsicht von der Plattform). Den Platz begrenzt nördlich das *Kollegienhaus* [8], ein gut proportionierter Barockbau (1777—80, jetzt Regierungspräsidium) von dem Hanauer Baudirektor *Franz Ludwig Cancrin* mit stattlichem Treppenhaus und rückseitiger Erweiterung 1825—26 von *Georg Moller*. Das

Hessische Landesmuseum [9], ein großzügiger Bau von 1897–1902 hinter dem Schloß, verdient wegen seiner bedeutenden *Gemäldegalerie* Beachtung. Im benachbarten ehem. *Landestheater* [10] von *Georg Moller* (1818—20) befindet sich heute das *Theater am Platanenhain*. Am Marienplatz wurde 1972 ein neues *Staatstheater* eröffnet. – Der

Herrngarten [11] ist der 1766 anglisierte *Schloßpark*, mit dem nordöstlich angrenzenden, als Rokokoanlage erhaltenen *Prinz-Georg-Garten*. Das *Prinz-Georg-Palais* [12], ein schlichter, 1710 von *Delafosse* als Sommerwohnung entworfener Barockbau, enthält die großherzogliche *Porzellan- und Fayencensammlung*. Auf der

Mathildenhöhe [13] entstand bei der *Russischen Kapelle* (1898—99) auf Initiative des Großherzogs *Ernst Ludwig* seit 1899 die *Darmstädter Künstlerkolonie*. Sie ist mit ihren Jugendstilbauten (*Ernst-Ludwig-Haus* 1901, *Ausstellungshalle* und *Hochzeitsturm* 1908, *Freiplastiken* des *Platanenhains* 1913 bis 1914 von *Bernhard Hoetger*, *Künstlervillen*) und durch das avantgardistische Wirken von *Josef Maria Olbrich* und *Paul Behrens* (Lehrer von *Gropius*, *Mies van der Rohe* und *Le Corbusier*) in die Kunstgeschichte eingegangen. Im Glückert-Haus befindet sich die *Deutsche Akademie für Sprache und Dichtung*. – 2 km südlich vom Zentrum (außerhalb des Planes) befinden sich östlich der *Heidelberger Straße* der

Orangeriegarten mit der ursprünglichen, terrassierten Gartenanlage von 1714 und der 1719 – 21 von *Delafosse* errichteten *Orangerie* und der

Prinz-Emil-Garten von 1772 mit dem *Prinz-Emil-Schlößchen* (1775—78, jetzt *Nachbarschaftsheim*).

PRAKTISCHE HINWEISE

An den Strecken Frankfurt—Heidelberg/Mannheim, Wiesbaden/Mainz—Aschaffenburg, Höchst—Eberbach.

Nach allen Richtungen. —Autobahn Wiesbaden—Heidelberg und Frankfurt—Mannheim.

„Bockshaut", „City", „Kühler Grund", „Müller" (garni), „Prinz Heinrich", „Weinmichel".

„Hawerkaste" (garni), „Sonne".

Ldgf.-Georg-Str. 119. – . – .

AUSFLÜGE

1. **Jagdschloß Kranichstein** (, Jagdmuseum), 4 km nordöstlich vom Zentrum, erbaute 1571—79 *Jakob Kesselhut* im Renaissancestil.

2. **Burgruine Frankenstein** (397 m, 13. Jh.), 10 km südlich vom Zentrum, kam 1662 an *Hessen*. Schön ist der Blick über *Bergstraße* und *Rheinebene*.

3. **Kühkopf.** In dem Naturschutzgebiet an der Altrheinschleife bei *Erfelden* (15 km westlich Darmstadt, Richtung Oppenheim) erinnert die *Schwedensäule* an den Rheinübergang *König Gustav Adolfs* am 17. Dezember 1631.

Mainz

Mainz (88 m; 176000 Einw.), am Zusammenfluß von *Rhein* und *Main*, ist die Hauptstadt von *Rheinland-Pfalz*, Bischofs- und Universitätsstadt. Es ist Eisenbahnknotenpunkt (Holland-Schweiz, Paris-Berlin), Industriestadt (Zement, Glas, Kosmetika, Sekt) und eine Hochburg des rheinischen Karnevals.

GESCHICHTE

Mainz (*Moguntiacum*) entwickelte sich (1. Jh.) als Hauptstadt der römischen Provinz *Germania superior* in Anlehnung an ein *Legionslager*, dessen *Aquädukt* in Resten („Römersteine") im *Zahlbacher Tal* (2 km südlich des Hauptbahnhofs) erhalten ist. Zerstört und wieder aufgebaut (5./6. Jh.), wurde Mainz ein Hauptort des Frankenreiches und *Erzbistum* durch *Bonifatius* († 755), den „Apostel der Deutschen". Ihre Machtstellung im Reich errangen die Mainzer Erzbischöfe als *Erzkanzler* und ranghöchste *Kurfürsten*. Sie bestimmten die Schicksale der Stadt, die sich nur von 1244—1462 relativ frei bewegen konnte. Die reiche Handelsstadt, das „Goldene Mainz" (*aurea Moguntia*), führte im *Rheinischen Städtebund* (1254), wurde aber später von *Frankfurt* überflügelt. Seinen kurfürstlichen Landesherrn hat Mainz die Gründung der *Universität* (1477) und die Förderung des um 1397 in Mainz geborenen *Johannes Gutenberg* († 1468), der hier um 1450 seine erste Druckerei eröffnete, zu verdanken. 1792/93 wurde Mainz hart umkämpft. Unter französischer Herrschaft (1797—1814) fanden Erzbistum, Kurstaat und Universität ihr Ende. 1802 wurde Mainz *Bischofssitz*, den 1850—77 der Sozialreformer *Wilhelm v. Ketteler* innehatte. 1816 fiel Mainz an *Hessen-Darmstadt* und wurde Hauptstadt der *Provinz Rheinhessen* und *Bundesfestung* (1873 *Reichsfestung*). Die letzten Forts fielen erst nach 1920. 1945 wurde Mainz wie 1918—30 von französischen Truppen besetzt, 1946 wieder *Universitätsstadt* und 1950 Regierungssitz des Bundeslandes *Rheinland-Pfalz*. Die rechtsrheinischen *Industrievororte* gingen 1945 durch die Rheingrenze (Zonengrenze) an *Hessen* verloren.

Die strategisch exponierte Stadt hat in vielen Kriegen gelitten. Der Belagerung 1793 fiel das kurfürstliche *Lustschloß Favorite* (jetzt *Stadtpark*) zum Opfer. Manches wurde niedergerissen, lange bevor der Zweite Weltkrieg die *Altstadt* zu 80 % zerstörte. Doch immer noch hat Mainz dem Besucher viel zu bieten.

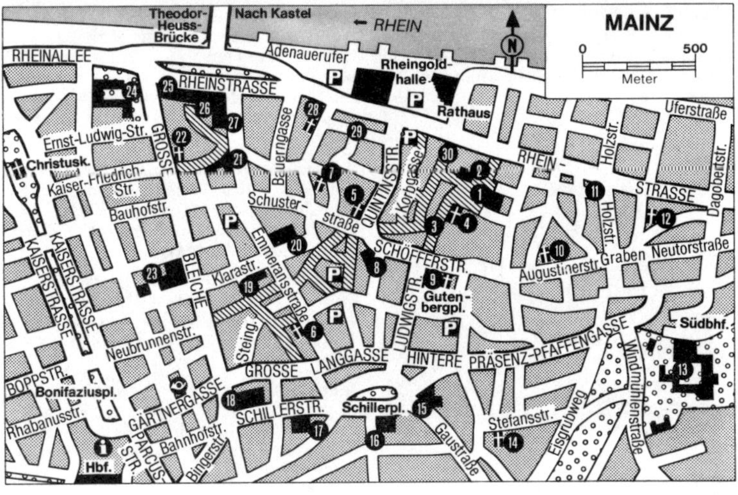

SEHENSWÜRDIGKEITEN

Von der 1873—87 aufgeschütteten *Rheinpromenade* gehen wir zum *Liebfrauenplatz* vor dem Ostchor des Domes. Gegenüber der *Hauptwache* [1] von 1828 befindet sich das

Gutenbergmuseum [2], *Weltmuseum der Druckkunst*, im Haus *Zum Römischen Kaiser* (um 1660).

Westlich folgt der *Markt* mit dem *Marktbrunnen* [3], einem der frühesten (1526) deutschen Renaissancedenkmäler. Hinter den *Domhäusern* (1767) steht der

Dom St. Martin [4], eine dreischiffige, gewölbte, doppelchörige, innen 112 m lange *Pfeilerbasilika* mit 6 bis zu 82 m hohen Türmen, neben Worms und Speyer der glanzvollste der drei Kaiserdome am Rhein.

Erzbischof Willigis (975—1011) errichtete den ersten Bau, der 1009 abbrannte. Die heutige Form entstammt späteren Perioden: Der *Ostchor* (Reliquienschrein in der *Krypta* 1960) war 1137 vollendet, das nun gewölbte *Langhaus* um 1200, der reicher gegliederte *Westbau* 1239 (Chorschranken 1682, Gestühl 1767). Zugleich wurde die *Memorie* (Ägidiuschörlein 1486, Nikolauskapelle 14. Jh.) als Kapitelsaal zwischen Langhaus und südlichem Kreuzarm eingefügt. *Gotische Kapellen* von 1279—91 begleiten das nördliche, von 1300—19 das südliche Seitenschiff. Die am Markt liegende zweigeschossige *Gotthardkapelle* (1137) ist der Rest des ehemaligen Bischofshofes. Die gotisch erhöhten *Westtürme* schmückte *Franz Ignaz Michael Neumann* 1767—74 mit barocken Kuppeln, das Langhaus 1845

Dom vom Leichhof aus gesehen

Philipp Veit mit *Wandgemälden*. Der östliche *Chorturm* wurde 1869—79 neuromanisch rekonstruiert. Nach Beseitigung der Kriegsschäden zeigt sich der Dom wieder in seiner erhabenen Schönheit.

Trotz der Zerstreuung des alten Inventars ist er immer noch reich an Kunstwerken. Über die *Portale* (Willigisportal 13. Jh. am Markt mit Türen um 1000, Portal zur Gotthardkapelle um 1240, Prachtportal zur Memorie 1425 u. a.) sind die *Erzbischofsgräber* (seit 1249) zu stellen, darunter Werke von höchstem Rang (*Konrad von Daun*, † 1434, *Uriel von Gemmingen*, † 1514). Auch der um 1410 vollendete *Kreuzgang* (*Dommuseum*) enthält zahlreiche Gräber, so das des Meistersingers *Heinrich von Meißen* genannt *Frauenlob* († 1318).

Vom *Markt* betreten wir die *Schusterstraße*, wo die *Quintinskirche* [5], um 1300 erbaut, wiederhergestellt wurde (Rokokoaltar aus St. Emmeran). Zwei andere Pfarrkirchen der nördlichen Altstadt, *St. Emmeran* [6] und *St. Christoph* [7], bleiben Ruinen, doch stehen die romanischen Türme. — Durch die *Universitätsstraße* mit dem schlichten Renaissancebau der *Alten Universität* [8] kommen wir zum *Gutenbergplatz* mit dem *Gutenbergdenkmal* von *Thorvaldsen* (1837) vor dem *Stadttheater* (1910). In der *Ludwigsstraße* ist rechts der *50. Breitengrad* als Messingstreifen markiert. Die

Johanniskirche [9] birgt die Reste der ältesten Mainzer Bischofskirche. *Langhaus* (um 900) und *Westchor* (um 1360) wurden nach schwerer Kriegszerstörung überzeugend modernisiert. Schön ist der Blick vom anschließenden *Leichhof* auf die Westpartie des Domes. In der *Augustinerstraße* quillt die Fassade der

Augustinerkirche [10] in reinstem Rokoko (1768—71, Klosterportal 1753) aus der linken Häuserzeile. Der ausgewogene Innenraum beglückt durch seine schöne Ausstattung.

Vom *Graben* führt links die *Holzstraße* zum *Holzturm* [11], einem stattlichen Torturm der Rheinbefestigung (Anf. 15. Jh.), halblinks die *Kapuzinerstraße* zur

Ignazkirche [12] (1763—74), die den Übergang vom Rokoko zum Klassizismus repräsentiert; links davor eine bedeutende *Kreuzigungsgruppe* (1519) der *Backoffen*-Schule.

Vom *Graben* wenden wir uns nach Westen durch die *Jakobsbergstraße* und über den *Zitadellweg* hinauf zur

Zitadelle [13], einem Festungswerk von 1659—61. Das Tor führt durch den *Kommandantenbau* (1696). Auf der Südbastion steht der *Eigelstein*, der 20 m hohe Mauerkern eines Denkmals (1. Jh.) für *Drusus*, der 9 v. Chr. von Mainz bis zur Elbe vordrang.

Wir verlassen die Zitadelle über die Westbastion und biegen in die *Stefansstraße* ein zur

Stefanskirche [14], einer Hallenkirche (14. Jh.) mit achteckigem behelmtem *Mittelturm* und netzgewölbtem *Kreuzgang* (1499). — Links führt die *Gaustraße* hinunter zum *Schillerplatz* mit dem aparten *Fastnachtsbrunnen* (1967) und repräsentativen Adelspalästen, dem *Osteiner Hof* [15] in vornehmem Rokoko rechts (1749) und dem *Bassenheimer Hof* [16] links (1756). In der *Schillerstraße* folgen links [17] der *Schönborner* (1668, jetzt Institut français) und rechts [18] der *Erthaler Hof* (1735). — Auf dem *Münsterplatz* biegen wir in die *Große Bleiche* mit dem *Neubrunnen* (1726) ein. Die *Klarastraße* führt rechts [19] zur *Antoniuskapelle* (1332, Fresken 15. Jh.) und weiter zum *Dalberger Hof* [20], einem eindrucksvollen Barockbau (1715—1718, Polizeipräsidium). Nördlich davon befindet sich in der 1781 profanierten *Reichklarenkirche* (um 1300) das *Naturhistorische Museum* [21], dahinter am *Petersplatz* die

Peterskirche [22], eine leider durch den Verlust der Malereien beeinträchtigte Barockkirche (1752—56, Südturm ergänzt, schöne Rokokokanzel) von liebenswürdiger Raumwirkung.

Das *Mittelrheinische Landesmuseum* [23] befindet sich im *Kurfürstlichen Marstall* (1766—74). Die *Jupitersäule* hinter der Peterskirche ist die Nachbildung eines römischen Denkmals (67 n. Chr.), ebenso der *Dativiusbogen* gegenüber (3. Jh.), der nordwärts zur *Christuskirche*, einem monumentalen Kuppelbau (1903), führt. Das

Kurfürstliche Schloß [24] ist eigentlich nur der östliche (1627—78) und nördliche (1687—1752) Palastflügel der rheinseitig 1807 abgerissenen *Martinsburg* (1478—81). Das innen modernisierte Schloß mit lebendigem Dekor ist eines der letzten Renaissancebauwerke. Es birgt das *Römisch-Germanische Zentralmuseum* und Festsäle der Stadt. — Rheinaufwärts vor der *Theodor-Heuss-Brücke* (1881—85) das

Dativiusbogen

Deutschhaus [25], die Deutschordenskommende (1730—37, jetzt Landtag) mit rückseitigen Kavaliersbauten. Es folgt das *Neue Zeughaus* [26] von 1738—40, heute *Europahaus* mit *Stresemann-Gedächtnishalle* und Staatskanzlei. Das *Alte Zeughaus* [27] dahinter („Zum Sautanz“, jetzt Südwestfunk) stammt von 1604—25.

Nicht weit vom *Brückenplatz* liegt die schlichte *Karmeliterkirche* [28] mit langgestrecktem Chor (1350—1400, Deckengemälde Anf. 15. Jh.). Gegenüber der *Rheingoldhalle* (1968) und dem modernen *Rathaus* (Arne Jacobsen, 1974) steht der *Eiserne Turm* [29], ein romanisches Stadttor (um 1200), nicht weit davon, in der *Mailandsgasse*, das *Heiliggeistspital* [30], ein interessanter Bau (um 1250, jetzt Gaststätte) mit spätgotischer gewölbter Halle und romanischem Portal.

PRAKTISCHE HINWEISE

An den Strecken Dortmund—Basel/ Augsburg/München/Passau, Frankfurt—Saarbrücken—Paris, Wiesbaden —Darmstadt—Aschaffenburg und nach Alzey, Kaiserslautern.

Nach allen Richtungen.

Frankfurt, Köln.

„Mainz Hilton“, „Mainzer Hof“.

„Centralhotel Eden“, „Europahotel“, „Königshof“, „Am Römerwall“, „Continental“, „Grünewald“, „Hammer“, „Mira“, „Schottenhof“, „Stiftswingert“. — — — .

Aschaffenburg

Aschaffenburg (129 m; 56 000 Einw.), ist kreisfreie Stadt im bayer. *Unterfranken* mit bedeutender Industrie. Die „Pforte zum Spessart" ist dessen wirtschaftlicher und kultureller Mittelpunkt.

GESCHICHTE

Aschaffenburg geht auf die alemannische Volksburg *Ascapha* zurück. *Liudolf von Schwaben* gründete das Petersstift. Nach dem Tode seines Sohnes *Otto* († 982) fiel es mit Ort und Umland an den *Mainzer Erzbischof*, der so die Landesherrschaft im „Oberstift" ausbaute. Zwischen der *Stiftskirche* und der erzbischöflichen *Burg* (um 1122) entwickelte sich, verkehrsgünstig an der Straße Mainz – Würzburg, die *Altstadt*, der sich weitere *Vorstädte* anschlossen. Die Emanzipation vom erzbischöflichen Stadtherrn, der immer häufiger in Aschaffenburg residierte, ist Aschaffenburg nie gelungen. Als Ersatz für den säkularisierten Kurstaat erhielt der letzte Erzbischof, *Karl Theodor von Dalberg*, 1803 das „Fürstentum Aschaffenburg", das 1810 im „Großherzogtum Frankfurt" aufging und 1814 an *Bayern* fiel.

SEHENSWÜRDIGKEITEN

Wir beginnen die Besichtigung mit der **Stiftskirche St. Peter und Alexander** [1], deren Schauseite mit dem (neugotischen) Giebel der *Maria-Schnee-Kapelle* (1516) vom *Turm* (Anf. 15. Jh.) überragt wird. In die spätromanische *Vorhalle* öffnet sich das kunstvolle *Westportal*. Das dreischiffige, von gotischen Kapellen begleitete *Langhaus* (Ende 12. Jh.) ist im Gegensatz zum jüngeren *Chor* (Mitte 13. Jh.) noch ganz romanisch. Das bedeutendste Kunstwerk der reichen Ausstattung ist die „Beweinung" von *Matthias Grünewald* (um 1525), dessen „Madonna" und „Maria-Schnee-Wunder" nach *Stuppach* bei *Bad Mergentheim* bzw. nach *Freiburg* gelangten. Beachtung verdienen auch der romanische *Kruzifixus* (12. Jh.), eine „Auferstehung" von *Lucas Cranach* (1520), der *Taufstein* von 1487, *Bronzen* aus der Nürnberger Gießhütte der *Vischer* (Denkmal für *Albrecht von Brandenburg* 1525, Madonnenrelief 1530, Baldachin 1536) und *Plastiken* des Aschaffenburger Bildhauers *Hans Juncker* (Kanzel 1602, Magdalenenaltar 1620). Der *Hochaltar* stammt von 1772, *Bronze-* und *Steinepitaphien* aus der Renaissance. Der *Stiftsschatz* enthält herrliche Goldschmiedearbeiten und Werke der Buchmalerei. Eine seltene Kostbarkeit ist der romanische *Kreuzgang* (Mitte 13. Jh.) mit schönen Epitaphien.

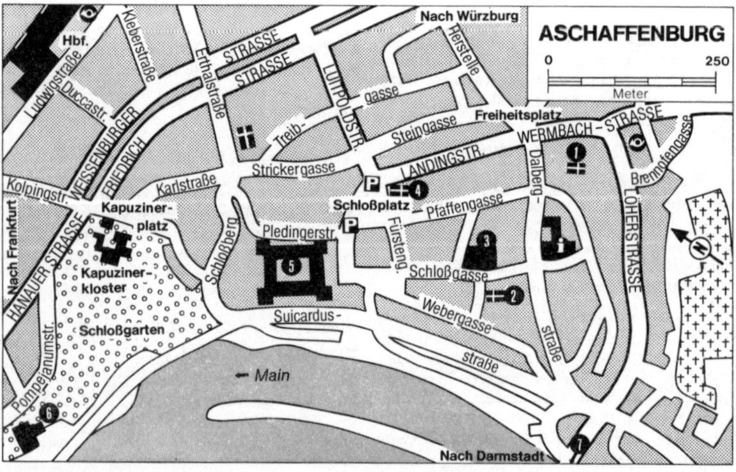

Schloß Johannisburg

Im *Stiftskapitelhaus* neben der Kirche befindet sich das *Stiftsmuseum* mit wertvollen Sammlungen in eindrucksvollen historischen Räumen.

Älteste Pfarrkirche ist die

Muttergottespfarrkirche [2] mit einem *Tympanonrelief* (Ende 12. Jh.) des ursprünglichen Baues in der Nordwand des Turmes (Mitte 13. Jh.), im übrigen ein Barockbau von 1768–75.

Ihr gegenüber steht das

Stadttheater [3], ein Vermächtnis der dalbergischen Zeit (1810) mit einem intimen klassizistischen *Zuschauerraum.*

Weiter nördlich folgt die barocke

Jesuitenkirche [4] von 1619–21 mit interessanter Chorpartie.

Schloß Johannisburg [5], das *Kurfürst Johann Schweickart von Kronberg* 1605 bis 1614 von dem Straßburger Baumeister *Georg Ridinger* errichten ließ, schließt die Altstadt im Norden ab. Der gotische *Bergfried* der 1552 zerstörten *Burg* bringt reizvolle Asymmetrie in die regelmäßige Vierflügelanlage, die als ein Meisterwerk der deutschen Spätrenaissance gilt. Sie birgt die *Schloßkapelle* mit Altar und Kanzel von *Hans Juncker*, prunkvolle kurfürstliche *Wohnräume*, die *Hof- und Stiftsbibliothek* voller bibliophiler Seltenheiten, die bedeutendste *bayerische Staatsgalerie* außerhalb Münchens mit einer großen *Lucas-Cranach-Sammlung* sowie das *Städt. Schloßmuseum.* Den schönsten Blick auf Schloß, Fluß und Stadt genießt man vom

Pompejanum [6], der 1840–48 errichteten Nachbildung einer römischen Villa. Im Mainbogen, 3 km westlich Aschaffenburg, liegt der

Park Schönbusch [7], den *Kurfürst Friedrich Karl von Erthal* 1775 anlegen und seit 1785 durch den Gartenarchitekten *Friedrich Ludwig von Sckell* zu einem der frühesten englischen Gärten ausgestalten ließ. Die eingestreuten Architekturen von *d'Herigoyen*, ein hübsches frühklassizistisches *Schlößchen* (1778–82), *Tempel, Pavillons* u. a., sind unverändert erhalten und voller Anmut.

PRAKTISCHE HINWEISE

An den Strecken Frankfurt—Nürnberg, Frankfurt—Hanau—Miltenberg —Wertheim—Ulm und nach Darmstadt—Mainz/Wiesbaden, Höchst i.O.

Hanau, Höchst i.O., Lohr-Gemünden, Mespelbrunn, Miltenberg, Schöllkrippen, Würzburg u.a.

„Aschaffenburger Hof", „Post".

„Kolping", „Ochsen", „Syndikus", „Dümpelsmühle", „Elbert" (garni).

. — .

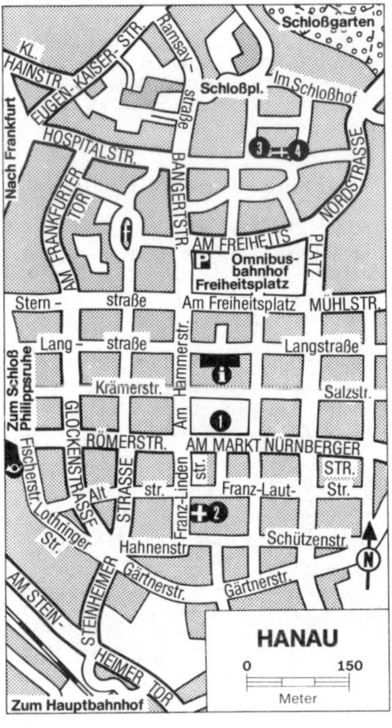

Hanau

Hanau (108 m; 88000 Einw.), die „Stadt des edlen Schmucks" am Zusammenfluß von *Kinzig* und *Main*, ist eine kreisfreie Handels- und Industriestadt und Verwaltungssitz des Main-Kinzig-Kreises.

GESCHICHTE

Die Stadt entwickelte sich aus der heute verschwundenen *Burg* (12. Jh., *Schloßgarten*) der *Herren von Hanau* auf einer Kinziginsel. Die *Altstadt* wurde 1597 um die südliche schachbrettartige *Neustadt* für vertriebene *Wallonen* und *Niederländer* erweitert, die Goldschmiedehandwerk und Textilindustrie einführten. Die Vereinigung der Linien *Hanau-Münzenberg* und *Hanau-Lichtenberg*, 1642, brachte neuen Aufschwung. 1736 fiel Hanau an *Hessen-Kassel*, 1866 an *Preußen*. Die Innenstadt wurde 1945 völlig zerstört, doch konnten einige Baudenkmäler wiederhergestellt werden. In Hanau wurden *Jakob* und *Wilhelm Grimm* (1786 und 1787) und *Paul Hindemith* (1895) geboren.

SEHENSWÜRDIGKEITEN

Stadtzentrum ist der

Marktplatz [1] mit dem *Neustädter Rathaus* (1725—33) und dem *Denkmal der Brüder Grimm* (1889—96). — Ein Doppelzentralbau war die

Schloß Philippsruhe

Wallonisch-niederländische Kirche [2] von 1600—08, von der der kleinere, achteckige Kirchenraum wiederhergestellt wurde. Die zwölfeckige Ruine der Wallonischen Kirche bleibt *Mahnmal*. — In der ehemaligen *Altstadt* steht das

Deutsche Goldschmiedehaus [3], früher *Altstädter Rathaus*, ein stattlicher Fachwerkbau (1537—38) mit Staffelgiebeln (Ausstellungen). Die spätgotische

Marienkirche [4] war eine dreischiffige Emporenkirche. Erhalten blieb der sterngewölbte *Chor* (1485—92) mit Resten bedeutender *Glasfenster* und reizvollen *Grabsteinen*, heute verbunden mit einer flachgedeckten *Halle* (1950—52). — 2 km westlich liegt im Stadtteil *Kesselstadt*, umgeben von einem *englischen Park*, die ehemalige Sommerresidenz der *Grafen von Hanau*

Schloß Philippsruhe von *Julius Rothweil* (1701—12, erweitert 1875—80, Historisches Museum), eine der ersten deutschen Nachahmungen des *Versailler* Schloßtyps. Im Innern ist die ursprüngliche Dekoration (*Weißer Saal* im Südflügel) teilweise erhalten. Eine Allee führt zum 2 km entfernten

Wilhelmsbad, dem bedeutendsten Beispiel einer *Kuranlage* des 18. Jahrhunderts inmitten eines schönen englischen Parks. Zu den 1777—82 von *Ludwig von Cancrin* erstellten Bauten gehören sieben symmetrisch in einer Flucht stehende *Kurbauten*, das etwas zurückliegende *Comoedienhaus*, eines der ältesten Scheunentheater, und im *Park* u.a. der *Brunnentempel*, eine *Kunstruine* und das in seiner Art einzige feststehende *Karussell.*

PRAKTISCHE HINWEISE

An den Strecken Frankfurt—Bebra—Kassel/Eisenach, Aschaffenburg—Würzburg/Miltenberg—Ulm, Eberbach—Stuttgart und nach Friedberg, Offenbach.

Aschaffenburg, Büdingen, Eberbach, Frankfurt, Gelnhausen.

„Bayrischer Hof", „Elefant", „Europa" (garni), „Kurhaus Wilhelmsbad" (garni), „Royal" (garni).– . – . – Wildpark *Alte Fasanerie* im Stadtteil *Klein-Auheim.*

Route 1: Kleine Taunusfahrt (86 km)

Der erste Teil der in den *Naturpark Hochtaunus* führenden Route folgt in etwa der Bahnstrecke Frankfurt—Bad Homburg—Usingen. Von Königstein, Bad Soden und Kronberg verkehren Züge nach Frankfurt, im Weiltal Autobusse.

Wir verlassen *Frankfurt* (siehe S. 14) auf der *Homburger Landstraße* durch die Vororte *Preungesheim* und *Bonames*, bequemer ab Anschluß *Frankfurt-West* über die *Autobahn* in Richtung *Gießen/Kassel*. Von der Autobahnausfahrt Bad Homburg erreichen wir

Bad Homburg (197 m; 53000 Einw.), 22 km, die Hauptstadt des *Hochtaunuskreises*, heilklimatisch günstig am Taunushang („vor der Höhe") gelegen.

Die Quellen des Heilbades (Herz, Kreislauf, Stoffwechsel) waren bereits den Römern bekannt. Die *Altstadt* entstand bei der „Hohen Burg" der *Grafen von Eppstein*. Seit 1504 hessen-darmstädtisch, wurde Homburg 1622 selbständige *Landgrafschaft*, 1866 *preußisch*.

Das *Landgrafenschloß* (1680—85, klassizistischer *Gartenflügel* 1835 von *Georg Moller*) mit prächtigen Barockportalen beherrscht den höchsten Punkt der Stadt. Sein Erbauer, *Landgraf Friedrich II.* (Kleists „Prinz von Homburg"), ist hoch zu Roß am oberen Portal, seine Büste (1704 von *Andreas Schlüter*) in der Eingangshalle zu sehen. Von der mittelalterlichen *Burg* blieb nur der 53 m hohe *Weiße Turm* (13. Jh., Haube 1635) erhalten. Die benachbarte *Säulenhalle* stammt aus dem Kloster *Brauweiler* bei Köln (1900 hierher versetzt). Zugänglich sind außer der *Schloßkirche* (1685, mit *Fürstengruft*) mehrere Repräsentations- und Wohnräume (*Spiegelkabinett*, *Speisesaal*, *Pompejanischer Saal* u. a.).

Die *Erlöserkirche* südlich des Schlosses ist ein historisierender Bau von 1908 mit sehenswerten Goldmosaiken.

Östlich an die *Neustadt* (*Dorotheenstraße*) grenzt der 46 ha große *Kurpark* (1854). An der *Brunnenallee* sind die elf Quellen gefaßt, besonders eisenreich der *Stahlbrunnen*, schwefelhaltig der *Luisenbrunnen*, kochsalzreich der *Landgrafenbrunnen*, der *Elisabethbrunnen* mit schönem Rundtempel. Hier befindet sich auch die *Spielbank*, die „Mutter von Monte Carlo". Sehenswert sind ferner der *Siamesische Tempel* (1907) östlich des Weihers und die *Russische Kapelle* an der *Kaiser-Friedrich-Promenade*.

An den in Homburg zuerst hergestellten gleichnamigen Herrenhut erinnert das *Hutmuseum* (Louisenstraße 120).

An der Strecke Frankfurt—Bad Homburg—Weilburg/Friedberg.

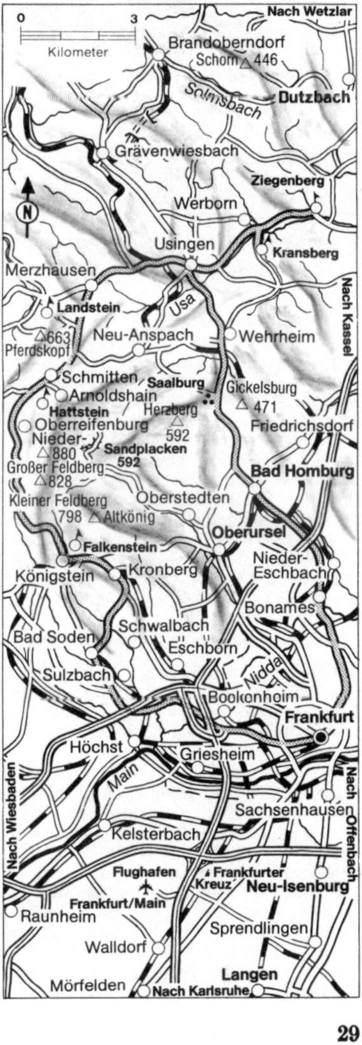

Bad Homburg: Elisabethbrunnen

An der Linie Frankfurt—Usingen —Weilburg und nach Bad Nauheim, Königstein, Schmitten, Wiesbaden.

„Hardtwald", „Prinz von Homburg", „Geheimrat Trapp".

„Daheim" (garni), „Landskrone".

Meiereiberg 1. – Am Seedammweg.

Auf der *B 456* erreichen wir den *Taunuskamm* mit dem 1898—1907 wiederaufgebauten Römerkastell

Saalburg (423 m), 29 km. Das etwa 83—260 besetzte *Grenzlager einer Kohorte* (500 Mann) liegt 250 m hinter dem *Limes*, der Taunusvorland und Wetterau gegen das freie Germanien schützte. Die heutige Form, ein 4,80 m hohes, zinnengekröntes Mauerrechteck von 221 × 147 m mit vier Toren, zeigt die Ausbaustufe des 3. Jahrhunderts. Das Museum enthält Ausgrabungsfunde aus dem Limesgebiet. Reizvoll sind Spaziergänge zum *Herzberg* (592 m) und zur *Lochmühle* (, Freizeitpark).

Sofern wir nicht über *Neu-Anspach* (34 km, , Freilichtmuseum *Hessenpark*) zum *Weiltal* abkürzen, folgen wir weiter der *B 456* über *Wehrheim* (31 km,) nach

Usingen (292 m; 5000 Einw.), 36 km, dem historischen Zentrum des altbesiedelten *Usinger Beckens*. Nach Vorbesitz der Reichsabtei *Fulda* (8. Jh.) gelangte Usingen als Reichslehen an die *Grafen von Diez*, 1326 an die *Grafen von Nassau*, deren 1688 gefürstete Linie *Nassau-Saarbrücken-Usingen* hier seit 1659 residierte. 1744 wurde die Regierung nach Wiesbaden verlegt.

Trotz verheerender Brände, zuletzt 1873, als das *Schloß* in Flammen aufging, blieb eine Reihe ansehnlicher Häuser erhalten, besonders das *Prinzenpalais* (1768, heute Landratsamt) mit elegantem Portal und verschiedene *Kavaliershäuser* (18. Jh.) in der *Obergasse*, am *Schloßplatz* und in der schachbrettartigen *Neustadt* um den *Marktplatz*. Das *Rathaus* ist ein dreistöckiger Fachwerkbau von 1678.

Von der spätgotischen *Laurentiuskirche* (nach Brand im 17. Jh. erneuert, *Fürstengruft* von 1770) ist nur der wehrhafte *Westturm* (1490) erhalten. Die achteckigen Pfeiler stammen aus der *Landsteiner Kirche* (siehe unten).

An der Strecke Frankfurt—Bad Homburg—Weilburg.

An den Linien Frankfurt—Weilburg und Wiesbaden—Friedberg.

„Goldene Sonne". — Hallen-.

Das *Usatal* unterhalb von Usingen sicherten die Burgen *Kransberg* (13. Jh.) und *Ziegenberg* (14. Jh.). Auf *Ziegenberg* spielen *Goethes* „Wahlverwandtschaften", woran ein vom Dichter entworfener *Denkstein* erinnert. In *Kransberg* besitzt die *Pfarrkirche* eine schöne *Renaissancekanzel* (1609) (6 bzw. 8 km je Weg auf der *B 275*).

Unsere Route folgt ab Usingen der *B 275* in westlicher Richtung. Kurz vor *Merzhausen* (40 km, mit schönem *Fachwerkrathaus*) überqueren wir die Wasserscheide zwischen *Main* und *Lahn*. Bald erreichen wir das idyllische *Weiltal* (siehe S. 44).

Vor der *Kirchenruine Landstein* (42 km),

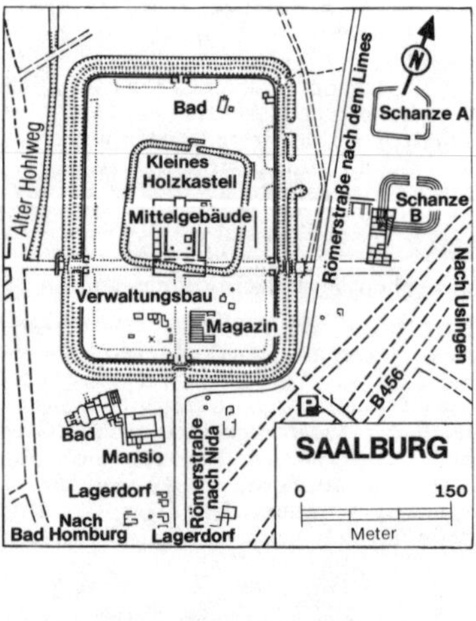

dem Rest (Westturm) einer gotischen Wallfahrtskirche, verlassen wir die *B 275* nach links und folgen der *Weiltalstraße* aufwärts bis zu dem Luftkurort *Schmitten* (48 km, ▭), der aus einer der im Weiltal einst zahlreichen Waldschmieden hervorging.

Wer nicht die *Route 3* (siehe S. 44) einschlägt, um schneller nach *Frankfurt* (76 km) zurückzukommen, folgt weiter dem Weiltal nach *Reifenberg* (53 km, ⌂ „Haus Reifenberg", △), der höchstgelegenen Taunusgemeinde (630 m). Der Luftkurort und Wintersportplatz am *Feldbergnordhang* war ursprünglich Hauptort einer der zahlreichen kleinen Taunusherrschaften. Von der *Burg* (12. Jh.) der *Herren von Reifenberg* stehen noch der 25 m hohe *Bergfried*, ein sechsgeschossiger *Wohnturm* und die 4 m starke *Schildmauer*.

Hinter Reifenberg erreichen wir die Paßhöhe *Rotes Kreuz* (668 m, 55 km), in 10 Minuten zu Fuß links ab das *Feldbergkastell* (3. Jh.), ein kleineres, in seinen Resten noch gut sichtbares Pendant zur Saalburg. Der

Große Feldberg (880 m), die höchste Erhebung des *Taunus*, ist vom Roten Kreuz auf guter Gebirgsstrecke (2 km je Weg) zu erreichen. Das unbewaldete Plateau trägt neben dem *Feldberghotel* ⌂ und dem *Aussichtsturm* (1902) des *Taunusklubs* einen 70 m hohen *Fernmeldeturm* der Bundespost. Ein Schauplatz der *Nibelungensage* ist der *Brunhildisstein* („Bett der Brunhilde") am Nordrand.

Auf dem *Kleinen Feldberg* (828 m) befinden sich eine *Erdbebenstation* und eine *Wetterwarte* des *Deutschen Wetterdienstes*.

Vom Roten Kreuz führt die Straße kurvenreich hinab auf die *B 8*, die links weiterführt zu dem heilklimatischen Kurort

Königstein (400 m; 16500 Einw.), 62 km. Das waldumsäumt im *Liederbach-Hochtal* gelegene Städtchen wird als Burgsitz der *Herren von Münzenberg* 1225 zuerst genannt. Die *Herrschaft Königstein* fiel 1581 an *Mainz*, 1803 an *Nassau*, 1866 an *Preußen*.

Die *Burg Königstein* (12. Jh.) sicherte an der wichtigen Straße Frankfurt—Köln das staufische Rhein-Main-Gebiet. Die vom *Erzstift Mainz* ausgebaute, 1796 zerstörte Festung ist mit ihren tiefgestaffelten Anlagen, überragt vom 34 m hohen Bergfried, die eindrucksvollste Ruine des Taunusgebiets.

Königstein im Taunus

Im Ort unterhalb der Burg zeigt sich das *Alte Rathaus* (1673, *Heimatmuseum*) als zierlicher Fachwerküberbau eines *Tores*, das die *Oberstadt* von der vorderen *Altstadt* („Tal") trennte. Deren östliche Begrenzung bildet die katholische Pfarrkirche *St. Marien*, ein bescheidener Saalbau, dessen *Rokokoaltar* (1758) und *-kanzel* (1752) indes zu den schönsten ihrer Art am Mittelrhein zählen.

Endstation der Strecke Frankfurt—Königstein.

An der Linie Frankfurt—Limburg und nach Bad Homburg, Eppstein, dem Großen Feldberg, Kronberg, Schmitten, Wiesbaden.

„Sonnenhof".

„Grüner Baum", „Parkhotel Bender", „Zum Hirsch" (garni).

⌂ „Augusta", „Oranien".

Hallen- und Frei▭. — △.

Wer Zeit hat, genießt von der *Ruine Falkenstein* (13. Jh., 1 km östlich Königstein) den besonders schönen Blick über die *Mainebene* oder besteigt gar von dem hübschen Burgstädtchen aus (3 km je Weg) den *Altkönig* (798 m) mit seinem imposanten *keltischen Ringwall*.

Wer abkürzen will, verläßt den Verkehrskreisel am Ortsausgang von Königstein auf der *B 8* in Richtung Bad Soden.

Wir fahren links aus dem Kreisel auf der *B 455* am sehenswerten *Georg-von-Opel-Freigehege für Tierforschung* („Opel-Zoo", seit 1935) vorbei, wo sich exotische Tierarten, selbst Elefanten, Giraffen und Zebras, dem

Höhenklima angepaßt haben und mit einheimischen Arten zusammenleben. An der nächsten Straßenkreuzung biegen wir rechts ab zu dem Luftkurort

Kronberg (257 m; 18 500 Einw.), 66 km. Die schönen *Fachwerkhäuser* des malerischen Burgstädtchens überragt die *Burg* der mächtigen *Ritter von Kronberg*, die 1389 selbst Frankfurt besiegten und 1604—26 das Erzstift Mainz regierten. Nach ihrem Aussterben wurde Kronberg 1704 *mainzisch*, 1802 *nassauisch*, 1866 *preußisch*; es belebte sich dann als ein Zentrum des Villenkranzes um Frankfurt. In die Kunstgeschichte ging es durch die *Kronberger Malerkolonie* (seit 1858) ein. Das *Schloßhotel* war 1889—1901 Witwensitz der *Kaiserin Viktoria*.

Die *Burg* (13. Jh., Museum), heute Eigentum des Landgrafen von Hessen, staffelt sich in die *Unterburg* mit *Burgkapelle* (1342), die gut ausgebaute *Mittelburg* (*Schloßmuseum*) und die enge *Oberburg* mit dem 46 m hohen *Bergfried*.

Von der Stadtbefestigung ist nur das *Eichentor*, ein Schalenturm, erhalten.

Die *Johanniskirche* (14./15. Jh.) ist reizvoll durch ihre ritterlichen Epitaphien (15./17. Jh.). In der Apotheke verbirgt sich die nie benutzte sogenannte *Streitkirche* (1737).

S-Bahn-Verbindung Frankfurt—Kronberg.

Bad Homburg, Frankfurt, Feldberg, Königstein, Schmitten, Wiesbaden.

„Schloßhotel".

„Taunushof", „Viktoria".

„Frankfurter Hof", „Kronberger Hof". — Beheiztes Wald-.

Unterhalb Kronbergs endet der *Naturpark Hochtaunus*. Wir biegen rechts ab, fahren oberhalb an der *Limesstadt*, einer modernen Trabantensiedlung (1967) des Frankfurter Raumes, vorbei und erreichen am Kurpark in

Bad Soden (141 m; 18000 Einw.), 71 km, wieder die Königsteiner Straße. Das Heilbad (Herz, Kreislauf, Atmungsorgane) verdankt seine Beliebtheit 30 bis 31,5° C warmen *Mineralquellen*, die im *Quellenpark* und im *Großen Kurpark* zutage treten. Die Saline des einst „reichsfreien", seit dem 15. Jahrhundert von Frankfurt abhängigen Dorfes besteht nicht mehr. Ein Teil des *Tolstoi*-Romans „Anna Karenina" spielt in Soden.

Frankfurt.

Frankfurt, Königstein, Kronberg, Wiesbaden, Siegen.

„Concorde", „Europahof", „Sonnblick", „Türck" (garni).

„Hotel-Pension Kronberg", „Hotel-Pension Bredefeld".

Altenhainer Tal. – Thermalsole-Bewegungs-, Inhalatorium.

Südöstlich von Bad Soden stößt die *B 8* auf die *Autobahn Wiesbaden—Frankfurt*, auf der wir zurückkehren nach

Frankfurt, 86 km (siehe S. 14).

Route 2: An den Rhein (179, 247 oder 260 km)

Die in den lieblichen *Rheingau*, das romantische *Rheintal* und durch die Waldgründe von *Lahn* und *Taunus* führende Route erschließt die Eisenbahn mit ihren *Rhein-* und *Lahnstrecken* und den Strecken *Frankfurt/ Wiesbaden —Limburg*. Hinzu treten ausreichend Bus-Querverbindungen.

Wir verlassen *Frankfurt* (siehe S. 14) auf der *Autobahn* nach

Wiesbaden, 35 km (siehe S. 19).

Unsere Route folgt weiter der *Südumgehung Wiesbadens* bis hinter *Wiesbaden-Schierstein*, dann der *B 42* über *Walluf* (44 km), wo der bis 1803 kurmainzische Rheingau beginnt, bis

Eltville (89 m; 8500 Einw.), 47 km. Die zeitweilige Residenz (14./15. Jh.) des Mainzer Erzbischofs ist die älteste Stadt im Rheingau. Berühmt sind ihre *Weinlagen* (*Sonnenberg. Langenstück, Tauben* u.a.) und *Sektkellereien.*

Die *Kurfürstliche Burg* (14. Jh.) ist seit 1635 Ruine. Erhalten blieb allein

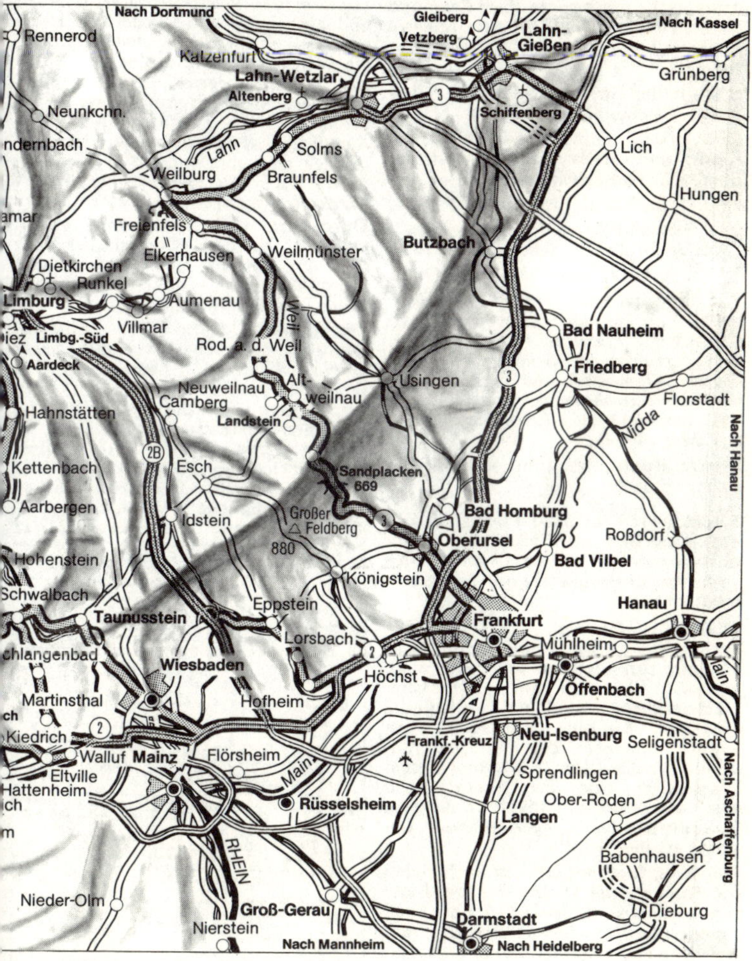

der quadratische *Wohnturm* mit einer *Gedenkstätte* für *Johannes Gutenberg*, der 1465 in Eltville Hofdienstmann wurde. An die Stadtbefestigung erinnern *Martinstor* (am Rhein) und *Sulztor* (*Rheingauer Straße 60*).

Die *Pfarrkirche St. Peter und Paul* (1353—1434) mit ihrem schönen Westturm enthält beachtliche Reste der spätgotischen *Ausmalung*, eine prächtige *Mondsichelmadonna* (Anfang 16. Jh.) und anziehende *Epitaphien*.

Im altertümlichen Stadtbild fallen besondere Fachwerk- und Steinhäuser (16./18. Jh.) auf, darunter die in Teilen romanische sogenannte *Burg Craß* und die malerischen *Adelshöfe* der *Freiherrn Langwerth von Simmern* und der *Grafen von Eltz*.

An der Strecke Frankfurt—Wiesbaden—Niederlahnstein—Köln.

An der Linie Mainz—Wiesbaden—Kaub und nach Kiedrich—Kloster Eberbach, Bad Schwalbach.

Köln, Mainz-Frankfurt.

„Rosenhof". – „Burg Crass", „Mutter Müller", „Rheingauer Hof". am Rhein unterhalb des Ortes.

Rheinabwärts folgt nach 1 km *Erbach* mit der im 18. Jahrhundert gotisch (!) erweiterten *Pfarrkirche St. Markus*, dem preußischen *Schloß Reinhartshausen* (1754,) und dem klassizistischen *Marcobrunnen*, dem Wahrzeichen der berühmten Rheingauer Weinlage *Marcobrunn*.

Unsere Route aber führt von Eltville rechts ab nach

Kiedrich (165 m; 3500 Einw.), 50 km, das malerisch zu Füßen der *Ruine Scharfenstein* (13. Jh.) liegt und den *Typus des Rheingauer Weindorfes* bestens erhalten hat.

Die *St. Valentinuskirche* (14./15. Jh.) sucht in der Einheit von Form und Ausstattung ihresgleichen unter den spätgotischen Kirchen am Mittelrhein. Hervorzuheben sind das vollständig erhaltene *Kirchengestühl* (1510 von *Erhard Falkener*), die anmutige *Madonna mit Kind* (um 1330) hinter dem *Marienaltar* und die älteste noch spielbare *Orgel* (um 1500), an der eine Lokalform des *Gregorianischen Gesangs* gepflegt wird.

Den Wehrkirchhof schließt nach Süden die *Totenkapelle St. Michael* (um 1440) mit *Beinhaus*, *Außenkanzel* und einer prachtvollen *Doppelmuttergottes* auf der Mondsichel (um 1520) ab.

Unter den Adelshöfen nimmt der *Schwalbacher Hof* (*Suttonstraße 22*) mit graziös stuckierten Innenräumen (1731—32) eine Sonderstellung ein.

„Nassauer Hof".

In Kiedrich biegen wir links ab und erreichen, vorbei an der *Landesheilanstalt Eichberg*, in einem lieblichen Wiesental unterhalb der *Hallgartener Zange* (580 m) das ehemalige

Kloster Eberbach (170 m,), 53 km, eine der schönsten und besterhaltenen mittelalterlichen Klosteranlagen Deutschlands. Begründet von Augustinern (um 1116), 1135 von *Zisterziensern* aus *Clairvaux* übernommen und ausgebaut, entwickelte sich Eberbach zu einem der reichsten Klöster am Mittelrhein. Die mächtigen *Grafen von Katzenelnbogen* hatten hier ihre *Grablege*. Nach der Aufhebung (1803) profaniert, ist Eberbach seit 1918 *Staatliche Weinbaudomäne*, in der jährlich die bedeutendsten Weine, darunter der *„Steinberger"*, versteigert werden (im Sommer Konzerte).

Durch die *Neue Klosterpforte* (1774) betreten wir den Klosterbezirk, der sich um den in seinem West- und Nordflügel noch erhaltenen gotischen *Kreuzgang* (13. Jh.) gruppiert.

Die *Kirche* (2. Häfte 12. Jh.), eine romanische Kreuzbasilika mit *sechs Querhauskapellen*, heute gänzlich schmucklos und ungenutzt, ist von eindrucksvoller Monumentalität. Der südlichen Schauseite wurden 1313—35 *neun* gotische *Kapellen* mit schönen Maßwerkfenstern vorgebaut. Von der Ausstattung (einst 34 Altäre!) blieben einige vorzügliche *Grabdenkmäler* erhalten, darunter das *Hochgrab* für

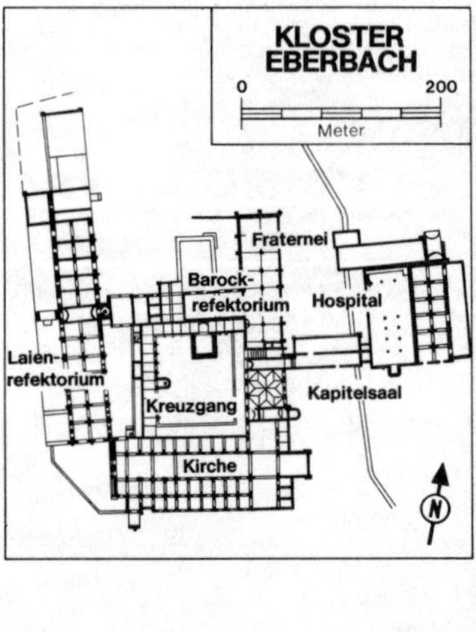

Erzbischof Gerlach von Nassau (1371) und zwei von *Hans Backoffen* (*Hynsperg* 1511, *Allendorf* 1518).

Östlich an den Kreuzgang grenzen der quadratische sterngewölbte *Kapitelsaal* (1345) und im Obergeschoß, 73 m lang, das *Mönchsdormitorium* (1270—1345). An den Nordflügel schließt das *Mönchsrefektorium* an, ein repräsentativer Speisesaal (1720) mit prächtiger *Stuckdecke* (1738).

Westlich der Klausur liegt der 93 m lange *Konversenbau* (Haus der Laienbrüder, um 1200) mit dem *Laienrefektorium* (jetzt *Ausstellung historischer Weinkeltern*), dem 83 m langen *Laiendormitorium* im Obergeschoß und der *Prälatur* (1707—12) nach Plänen von *Leonhard Dientzenhofer.*

Unter den auf der anderen Bachseite gelegenen Bauten ist das *Hospital* (um 1220), eine frühgotische dreischiffige Halle auf eleganten Säulen, hervorzuheben.

Auf die *B 42* treffen wir wieder in *Hattenheim* (56 km, 🏨 „Reß", ⛺) mit stattlichen Weinhöfen und einer bedeutenden *Kreuzigungsgruppe* (um 1508 bis 1510) aus Tuffstein (*Backoffen*-Schule) vor der Pfarrkirche.

Zur *Hallgartener Madonna* (um 1420), der herrlichsten mittelrheinischen Tonplastik, deren Gegenstück im Pariser *Louvre* steht, biegen wir bei der ehemaligen Eberbacher Hauptkellerei

Schloß Reichardshausen (die heutige Anlage von 1742 mit Kunstruine von 1894) rechts ab (4 km je Weg).

Auf unserer Route folgt rheinabwärts *Oestrich* (58 km) mit dem historischen „*Hotel Schwan*" (1628, 🏨) und einem hölzernen *Rheinkran* (1652). Von der ältesten *Kirche* des Rheingaus blieb nur der romanische *Turm.*

Mittelheim (59 km) besitzt in der kleinen *Ägidienkirche* (12. Jh.) einen romanischen Sakralraum von höchster Reinheit. Die *Kanzel* (1511) schuf *Erhard Falkener* (vgl. Kiedrich).

In *Winkel* (60 km) liegt am *Rhein* das *Graue Haus* (12. Jh., *Graugasse 8*), ehedem Hofhaus der *Herren von Winkel*, deren Nachkommen heute *Schloß Vollrads* (um 1680, m. Wohnturm a. d. 14. Jh.) nördlich des Ortes besitzen. Am *Brentanohaus* (1751—82, mit *Goethezimmer*) zweigen wir rechts ab nach *Johannisberg* (62 km), wo die ehemalige *Benediktinerkirche* (12. Jh.) in ihrer romanischen Form wieder-

Blick vom Johannisberg

hergestellt wurde. Das *Schloß*, 1718 bis 1730 vom *Fürstabt von Fulda* erbaut, klassizistisch verändert, gehört seit 1816 den *Fürsten Metternich.* Die Aussicht von der Terrasse ist eine der schönsten im Rheingau.

In *Geisenheim* (64 km, ⛺), wo sich eine Forschungsanstalt und Fachhochschule für Wein- und Gartenanbau befindet, erreichen wir wieder die *B 42.* Von seinen *Adelshöfen* ist der *Hof der Grafen von Schönborn* (*Stockheimer Hof*, 1550, *Winkeler Straße 64*), der stattlichste. Die weiträumige *Pfarrkirche* (1513—18, Türme 1836—38) verdient ihren Namen „Rheingauer Dom". 3 km nördlich liegt das Wallfahrtskloster *Marienthal* mit schlichter gotischer Kirche.

Das Fremdenverkehrszentrum des Rheingaus ist unstreitig

Rüdesheim (82 m; 10000 Einw.), 67 km, mit der bekannten *Drosselgasse.*

Von der Ortsbefestigung steht noch der runde *Adlerturm* (Ende 15. Jh.), einer der schönsten Wehrtürme am Mittelrhein. Von den *Burgsitzen* (12. Jh.) erzstiftischer Dienstmannen blieben die massige *Niederburg* („*Brömserburg*", mit *Weinmuseum*) und von der *Oberburg* („*Boosenburg*") und der *Vorderburg* (am *Markt*) nur die romanischen *Türme*, von den *Adelshöfen* (16. Jh.) der *Brömserhof* (*Obergasse 21*), mit Fachwerkturm) und der *Klunkhardshof*, ein stattlicher Fachwerkbau mit drei Zwerchgiebeln.

Eine Stiftung des Rüdesheimer Adels ist vermutlich die Pfarrkirche *St. Jakob* (um 1400) mit bemerkenswerten *Grabdenkmälern* und schönem *Marienaltar* (um 1600, nur Mittelrelief „Rückkehr aus Ägypten" erhalten). Das

Niederwalddenkmal (1877—83), 225 m über der *Nahemündung*, mit der 10,5 m hohen Kolossalstatue der *Germania* von *Johann Schilling*, erreicht man in

3 km Auffahrt oder mit der Kabinen-Seilbahn. Wer die Pathetik der Wilhelminischen Zeit ablehnt, erfreue sich an dem herrlichen *Rheinpanorama* oder suche die architektonischen Requisiten (*Rossel*, *Zauberhöhle* u.a.) des *Osteinschen Parks* um das *Jagdschloß Niederwald* (1764,) auf (Landschaftsschutzgebiet).

An der Strecke Frankfurt—Wiesbaden—Niederlahnstein—Köln.

An der Linie Mainz—Wiesbaden—Kaub.

Köln, Mainz—Frankfurt, Wagen- und Personenfähre nach Bingen.

Kabinen-Seilbahn zum Niederwald.

„Central", „Deutscher Hof", „Rheinstein", „Traube-Aumüller".

„Felsenkeller", „Krass" (garni), „Lindenwirt", „Post".

Am Kreuzberg. — am Rheinufer. Hallen- und beheiztes .

Unterhalb Rüdesheims beginnt das *Rheinengtal* (siehe Seite 61) mit dem *Binger Loch*. Vor der Felsenenge sichert der sagenumwobene *Mäuseturm* (13. Jh., 1855) die Schiffahrt für die seit den ersten Sprengungen 1830–40 die Fahrrinne immer mehr erweitert wurde (heute 120 m breit).

Am Rheinknie liegt herrlich in den Weinbergterrassen die Ruine der mainzischen Zollburg *Ehrenfels* (um 1211). Der Rüdesheimer Stadtteil

Assmanshausen (79 m; 3000 Einw.), 71 km, mit spätgotischer *Pfarrkirche* (Ende 15. Jh.) ist als Fremdenverkehrsort kaum weniger besucht als Rüdeskeim („Hotel Krone",). Am *Höllenberg* wächst der beste deutsche Rotwein. Ein Sessellift führt in 10 Min. zum *Jagdschloß Niederwald* (siehe oben). Unterhalb des Ortes tritt eine *Brom-Lithium-Therme* zutage.

Von der anderen Seite grüßt die *Burg Rheinstein*. Auf sie folgen linksrheinisch die *Klemenskapelle*, *Burg Reichenstein*, *Trechtingshausen* und die hochgelegene *Burg Sooneck* (siehe S. 61). Das Tal weitet sich zum *Lorcher Werth*, das *Niederheimbach* mit der *Heimburg* verdeckt.

Lorch (76 m; 3600 Einw., ,), 80 km, an der Mündung der *Wisper*, war Zentrum eines *kurmainzischen Halbamtes*, dessen abseitige Lage die Entwicklung des Ortsadels begünstigte. Seine Grabsteine bewahrt die stattliche gotische

Lorch

Martinskirche (Ende 13. Jh.—1480), die ein feingliedriger Hochaltar (1483, Höhe 15,20 m) auszeichnet. Ritterliche Wohnkultur dokumentiert das *Hilchenhaus*, ein fünfstöckiger Renaissancebau von 1546—48. Das malerische Stadtbild bewahrt noch Reste der Ortsbefestigung, zu der auch die nördlich über Lorch gelegene *Burg Nollig* gehörte.

Gegenüber liegt *Rheindiebach* mit der *Ruine Fürstenberg* (siehe S. 61).

RÜCKFAHRT A (179 km)

Von Lorch aus können wir durch das *Wispertal* auf einer beliebten Ausflugsstraße zurückkehren.

Die gut ausgebaute, wenn auch vielfach schmale *Wispertalstraße* führt auf landschaftlich reizvoller Strecke, vorbei an den Ruinen kurmainzischer Sperrburgen (*Kammerburg*, *Rheinberg*, *Lauksburg*, *Geroldstein*), hinter *Ramschied* (104 km) hinauf auf die *B 260* (476 m), die *Bäderstraße*, und diese kurvenreich hinab zur Hauptstadt des Rheingau-Taunus-Kreises

Bad Schwalbach (319 m; 9700 Einw.), 109 km. Ursprünglich mainzisch, kam *Langenschwalbach*, wie der Ort bis 1875 hieß, 1479 aus dem Erbe der *Grafen von Katzenelnbogen* an *Hessen-Darmstadt*, 1817 an *Nassau*. Als *Badeort* seit 1569 bekannt, entwickelte sich Schwalbach im 19. Jahrhundert zum europäischen Modebad. Bauten dieser Zeit bestimmen noch heute das *Kurviertel*, darunter das *Stahlbadehaus* (1828, ursprünglich einstöckig) inmitten eines schönen *Kurparks*. Von den *neun Mineralquellen* (Herz, Kreislauf,

Rheuma, Frauenleiden) sind *Weinbrunnen* und *Stahlbrunnen* die bekanntesten. In der Unterstadt liegt der *Brodelbrunnen.*

In der schlichten evangelischen *Pfarrkirche* (um 1470—80) ist der feine *Renaissancegrabstein für Johann Gottfried von Berlichingen* (1588, Enkel des *Götz*) sehenswert.

An der Strecke Wiesbaden—Diez—Limburg.

Idstein, Limburg, Lorch, Nassau, St. Goarshausen, Wiesbaden.

„Staatliches Kursanatorium".

„Helenenhof", „Kaiserhof", „Malepartus", „Quellenhof", „Ritter".

Frei-.

Hinter Bad Schwalbach überquert die *Bäderstraße* die Abflachung (447 m) des *Rheingaugebirges* (1 km links: Märchenpark „Taunuswunderland"). Südlich *Wambach* erreichen wir in einem kleinen Seitental der *Walluf* das lieblich gelegene *Schlangenbad* (125 km, mit Thermal- Hallen und Frei-), das im 18. Jahrhundert als Fürstenbad in Mode war. *Neun Thermen* (28—32°C) sind bei Rheuma, Nerven- und Frauenleiden wirksam.

Vorbei an dem berühmten Weindorf *Rauenthal* (mit reich ausgestatteter *Pfarrkirche*, 14./15. Jh.) fahren wir über *Martinsthal* (131 km) auf die *B 42* zurück. Über die *Wiesbadener Südumgehung* und die *Autobahn Wiesbaden—Frankfurt* erreichen wir

Frankfurt, 179 km (siehe S. 14).

RÜCKFAHRT B (247 km)

Die weiter ausgreifende Route folgt ab *Lorch* weiter dem *Rheinengtal.*

Am *Niedertal* hinter *Lorchhausen* (82 km), wo sich der Strom auf 280 m verengt und der kurmainzische Rheingau endete, verläuft heute die Grenze zwischen *Hessen* und *Rheinland-Pfalz.* Gegenüber liegt *Bacharach* mit der *Burg Stahleck* (siehe S. 61).

Zwischen *Bacharacher* und *Kauber Werth* macht das *Wilde Gefährt* mit seinen Felsbänken der Schiffahrt zu schaffen. Nach der nächsten Biegung sehen wir als erste Stadt im rheinlandpfälzischen *Rhein-Lahn-Kreis* vor uns

Kaub (76 m; 1800 Einw., , beheiztes Wald-), 86 km, von wo aus die *Rheinlotsen* die Schiffe bis *Bingen* begleiten. Die wichtige Zollstätte war seit dem 13. Jahrhundert *kurpfälzisch,* 1802–66 *nassauisch.* Heute ist Kaub Zentrum des *mittelrheinischen Schieferbergbaus.* Das altertümliche Städtchen birgt manch malerischen Winkel wie den Hof im kurpfälzischen *Amtshaus* (1552) hinter der wohlerhaltenen *Stadtmauer,* die rheinseitig teilweise als *Arkadengang* durch die Obergeschosse der Häuser führt.

110 m über dem Rhein liegt *Burg Gutenfels* (Mitte 13. Jh., 1807 entfestigt, 1886 wieder aufgebaut), die breite Fensterfront des *Palas* dem Rhein zugekehrt. Als Vorwerk steht wie ein Schiff mitten im Rhein der *Pfalzgrafenstein* („Pfalz", um 1327) mit spätgotischem sechseckigem Wehrgang. Hier ging in der Neujahrsnacht 1813/14 *Blücher* mit seiner Armee über den Rhein, dem bei Leipzig geschlagenen *Napoleon* folgend (*Blücherdenkmal*).

Links erscheinen über der ehemaligen Reichsstadt *Oberwesel* mit ihren bedeutenden Kirchen (14. Jh.), der roten *Liebfrauenkirche* und der weißen *Martinskirche, Schloß* und *Ruine Schönburg* (Autofähre in Kaub).

Am *Rheinknie* des *Roßsteins* unterhalb Kaubs verengt sich der Fluß auf 200 m. Die „*Sieben Jungfrauen*", Felsenklippen im Strom, erinnern an sagenhafte spröde Bewohnerinnen der *Schönburg.* Am *Kammereck* (linksrheinisch) wendet der Strom wieder nach Westen, verengt sich bei 25 m Tiefe auf 150 m und gibt den Blick frei auf das 132 m steil aufragende Felsmassiv der sagenumwobenen *Loreley.* Die Mär von der die Schiffer lockenden Zauberin entstand jedoch erst nach der

Kaub: Burg Gutenfels und Pfalz

Loreley

Romanze von *Clemens Brentano* (1800) und wurde durch das Lied von *Heinrich Heine* (1823) mit der Melodie von *Friedrich Silcher* allgemein bekannt. Das prachtvolle Echo ist berühmt.

St. Goarshausen (70 m; 2500 Einw.), 96 km, seit alters im *Trierer* Einflußbereich und seit dem 13. Jahrhundert *katzenelnbogisch* (1479 *hessisch*), hat einen kleinen, von zwei Türmen flankierten *mittelalterlichen Stadtkern. Burg Katz* (*Neu-Katzenelnbogen*, 14. Jh.), wurde erst 1806 geschleift, 1896 wieder aufgebaut. Von St. Goarshausen ist die *Auffahrt zum Loreleyplateau* möglich und lohnend. Gegenüber liegt *St. Goar* mit sehenswerter *Kirche* (11./15. Jh.) und der großartigen *Ruine Rheinfels* (Autofähre unterhalb St. Goarshausens, ⛺ am Rhein).

Auf unserer Route folgt *Wellmich* (98 km) mit der trierischen *Burg Thurnberg* (14. Jh., wieder ausgebaut), allgemein in Beziehung zu ihrer südlichen Nachbarin als „Burg Maus" bezeichnet.

Hinter *Kestert* (102 km) erscheint links *Bad Salzig*, gefolgt von dem ehemals trierischen *Boppard* mit bedeutenden Kirchen, der *Severuskirche* (13. Jh.) und der *Karmeliterkirche* (14. Jh.), während wir unterhalb der *Ruinen Sterrenberg* (12. Jh., trierisch) und *Liebenstein* (13. Jh., sponheimisch), an die sich die Sage von den *Feindlichen Brüdern* knüpft, das langgestreckte *Kamp-Bornhofen* (107 km) durchfahren. Die *Wallfahrtskirche* in Bornhofen stammt aus dem 15., die *Nikolauskirche* in Kamp aus dem 14. Jahrhundert. In der großen Rheinschleife liegen *Filsen* (110 km), *Osterspai* (113 km) und linksrheinisch *Oberspay* und *Niederspay*. Vor uns ragt 150 m über dem Rhein und

Braubach (72 m; 4000 Einw., ⛺), 119 km, die *Marksburg* (13. Jh.) auf, die einzige unzerstörte Burg am Rhein, ein Kleinod mittelalterlicher Burgenarchitektur (Auffahrt, Burgbesichtigung). Wie andere katzenelnbogische Plätze gelangte sie 1479 an *Hessen*, das als Talburg die *Philippsburg* (1568, mit romantischem *Innenhof*) hinzusetzte. Reste der *Stadtmauer* und *drei Türme*, darunter der der *Barbarakirche* (13. Jh.), sind erhalten. In der *Martinskapelle* wurden gotische *Wandmalereien* (14. Jh.) freigelegt. Gegenüber liegen *Brey* und *Rhens* mit dem *Königsstuhl* (1398, Neubau von 1843), der Versammlungsstätte der deutschen Kurfürsten. Vor der *Lahnmündung* erreichen wir

Lahnstein (70 m; 22000 Einw., 5 ⛺, ▭), 124 km. Der Ortsteil *Oberlahnstein* war der letzte Stützpunkt von *Kurmainz*, das sich durch zwei Burgen (13. Jh.) sicherte, die Höhenburg *Lahneck* (neugotisch ausgebaut) und die Zollburg *Martinsschloß* am *Rhein* (erhaltene Teile 14./15. Jh.). Das *Alte Rathaus* (1507) ist ein reizender Fachwerkbau über steinernem Erdgeschoß. Von der anderen Rheinseite grüßt die 1836—42 nach Plänen von *Schinkel* als preußisches Jagdschloß ausgebaute trierische Zollburg *Stolzenfels*. — Im heutigen Ortsteil *Niederlahnstein* steht an der Lahnmündung die *Johanniskirche* (11. Jh.), eine baugeschichtlich wichtige romanische Pfeilerbasilika mit Seitenschiffemporen.

⌂⌂ „Dorint-Hotel Rhein-Lahn".
⌂ „Kaiserhof", „Straßburger Hof".

Unsere Hauptroute (Rückfahrt C) wendet sich nun vom *Rhein-* in das *Lahntal*. Schneller kehrt man über *Ehrenbreitstein* (130 km, △) zurück, wo sich von der kurtierischen, später preußischen *Festung* (18./19. Jh., mit *Dikasterialbau* nach Plänen von *Balthasar Neumann* und *Marstall*) ein herrlicher Blick auf

Koblenz (*siehe die Polyglott-Reiseführer „Rhein" und „Mosel"*) bietet.

Wir verlassen die *B 42* am *Bahnhof Ehrenbreitstein* und folgen der *B 49* aufwärts über *Arenberg* (138 km) in den *Westerwald* nach dem ehemals trierischen *Montabaur* (152 km, △, ⛺), heute Kreisstadt des *Westerwaldkreises*, mit gotischer Kirche *St. Peter in Ketten* (14. Jh.) und beherrschend gelegenem *Schloß* (13./18. Jh.).

Es lohnt sich, die Rückfahrt über die *Autobahn Köln—Frankfurt*, die uns nach *Hessen* zurückbringt, in *Limburg* und *Idstein* zu unterbrechen.

Limburg **(110 m; 29000 Einw.), 173 km,** Hauptstadt des Kreises Limburg-Weilburg, war schon im 9. Jahrhundert Sitz des *Niederlahngaugrafen* und seit dem 15. Jahrhundert östlicher Pfeiler von *Kurtrier*. Das Wirtschaftszentrum des *Limburger Beckens* ist seit 1827 *Sitz des Bischofs* für *Nassau* und *Frankfurt*.

Auf steilem Fels über der Lahn erhebt sich der *Dom* (um 1212—35), ursprünglich die Kirche eines 910 gegründeten *St.-Georg-Stiftes*. Er ist die letzte große Leistung der *Romanik* und läßt, außen siebentürmig, innen vierfach vertikal gegliedert, bereits den Geist der Gotik spüren. Die vollständig erhaltene ursprüngliche *Freskendekoration* erhöht den überwältigenden Eindruck. Aus der Bauzeit stammen der reich skulptierte *Taufstein* und das *Kurzboldgrab*.

In der östlich anschließenden *Burg* (13. Jh.) der Stiftsvögte befindet sich das *Diözesanmuseum* mit der *Staurothek* (10. Jh.), einem *byzantinischen Kreuzreliquiar*, und der *Dernbacher Beweinung* (um 1400), einem Juwel der mittelrheinischen Tonplastik.

In der *Altstadt* südwestlich des Domes wirken die bemerkenswerten, teilweise grotesk verzierten *Fachwerkhäuser* äußerst malerisch.

Die ehemalige *Franziskanerkirche* (14. Jh.), jetzt *Stadtpfarrkirche*, ist in ihrer Schmucklosigkeit ein typischer *Bettelordensbau*. Die Klostergebäude sind heute *Bischöfliches Ordinariat*. Im *Walderdorffer Hof* (*Fahrgasse 5*), einem vornehmen Renaissancebau mit malerischen Innenhöfen, befindet sich das *Stadtmuseum*.

Limburg

Erhalten blieb die historische *Lahnbrücke* (1315) mit einem Brückenturm, während die sechsbogige 57 m hohe *Autobahnbrücke* (1937—39), ursprünglich eine der größten Steinbrücken Europas, im Krieg teilweise zerstört und durch eine vorgespannte *Betonbalkenbrücke* (1963—65) ersetzt wurde.

An der Strecke Trier—Koblenz—Gießen—Kassel/Fulda und nach Diez—Wiesbaden, Niedernhausen—Wiesbaden/Frankfurt, Westerburg—Köln.

An der Linie Siegen—Frankfurt und nach Camberg, Düsseldorf, Hadamar, Kirberg, Köln, Rennerod, Weilburg, Westerburg, Wiesbaden.

„Dom-Hotel", „Huß", „Haus Zimmermann".

„Frankfurter Hof".

Am Guckucksberg. — Hallen-.

und an der Lahn.

2 km lahnaufwärts erhebt sich im Ortsteil *Dietkirchen* über den Gebeinen des Lahnapostels *Lubentius* die frühromanische *Lubentiuskirche* (11./13. Jh.), eine der ältesten Kirchen in Hessen, in ihrer Lage und Architektur von eindrucksvoller Wirkung.

Von *Limburg* folgen wir weiter der *Autobahn*, den fruchtbaren *Goldenen Grund* meist linker Hand, vorbei an dem Kneippbad *Camberg* (190 km, Autobahnrasthaus) mit einer *Pfarrkirche* im Stil des Übergangs vom Rokoko zum Klassizismus, schönen, teils reich geschnitzten *Fachwerkhäusern* und Resten der mittelalterlichen *Stadtbefestigung*, vorbei auch an

Idstein (266 m; 18000 Einw.), 200 km. Das von prächtigen *Fachwerkhäusern* (*Killingerhaus*, 1615, am *König-Adolf-Platz*, andere in der *Obergasse*) belebte Städtchen entwickelte sich im Anschluß an die *Burg* (11. Jh.), seit 1255 Residenz des nassauischen Gebietes südlich der Lahn. Der malerische *Torbau* (1497) öffnet sich nach dem *König-Adolf-Platz*. Ältester Bauteil ist der 45 m hohe *Bergfried* („Hexenturm", um 1400). Das auf den Mauern der ehemaligen *Vorburg* errichtete *Schloß* (1614—34, mit teilweise erhaltener barocker Innendekoration) wurde 1721 als Residenz aufgegeben.

Die evangelische *Unionskirche* birgt in einem der wichtigsten deutschen Kirchenräume des 17. Jahrhunderts die völlig erhaltene *barocke Ausmalung* (1673—78, u.a. des *Rubens*-Schülers *Johann von Sandrart* aus Frankfurt).

Idstein: Burghof

An der Strecke Limburg—Niedernhausen—Wiesbaden/Frankfurt.

An der Linie Wiesbaden—Usingen—Friedberg und nach Bad Schwalbach, Camberg.

„Felsenkeller", „Tal", „Traube".

„Goldenes Lamm", „Idsteiner Hof".

, und Hallen-.

Landschaftlich reizvoll ist die Fahrt ab *Autobahnausfahrt Niedernhausen* auf der *B 455* über *Eppstein* (215 km). Dort ist nicht nur die *Burgruine* (um 1100) sehenswert, sondern auch die gotische *Talkirche* (1498) mit stattlichen *Grabplatten* der *Herren von Eppstein.* Durch das *Lorsbachtal* („Nassauische Schweiz") mit dem *Naturschutzgebiet Walterstein,* einer 60 m hohen Felsengruppe, erreichen wir über *Hofheim* (224 km) die *Autobahn Wiesbaden—Frankfurt.*

Wer auf der *Limburger Autobahn* bleibt, verläßt sie am *Wiesbadener Kreuz* und kehrt ebenfalls über die *Autobahn Wiesbaden—Frankfurt* zurück nach

Frankfurt, 247 km (siehe S. 14).

RÜCKFAHRT C (260 km)

Ab *Niederlahnstein* folgen wir der *B 260* lahnaufwärts in den *Naturpark Nassau.* Zwischen steilen, bewaldeten Bergen liegt beiderseits der *Lahn*

Bad Ems (83 m; 11 000 Einw.), 136 km, die Hauptstadt des *Rhein-Lahn-Kreises.* Aus der *Vogtei* des *Koblenzer Kastorstiftes* entwickelte sich die *nassauische Herrschaft,* an der 1479—1803 *Hessen-Darmstadt* zur Hälfte partizipierte. 1866 fiel Ems mit Nassau an *Preußen.*

Die schon den Römern bekannte, seit dem 14. Jahrhundert bezeugte Heilkraft (Herz, Kreislauf, Atmung) der *Thermalquellen* (bis 50° C), von denen *sechs* im *Kurhaus* (1715), *drei* im *Römerbad* links der Lahn zutage treten, begründete im 19. Jahrhundert den Ruf des Weltbades. 1870 hat die „Emser Depesche" *Bismarcks* den Krieg mit *Frankreich* ausgelöst. — Die evangelische *Pfarrkirche* (12. Jh.) ist eine romanische Emporenbasilika in der Nachfolge der *Niederlahnsteiner Johanniskirche.*

An der Strecke Trier—Koblenz—Gießen—Kassel/Fulda.

An der Linie Koblenz—Nassau und nach Montabaur.

Auf den Malberg (334 m).

„Kuckenbergs Hotel", „Kurhaus".

„Balzer", „Guttenberg" (garni), „Goldenes Faß", „Russischer Hof".

Alte Kemmenauer Straße 41.

Oberhalb an der Lahn. –

Wir folgen im Lahntal weiter der *B 260,* der *Bäderstraße* (Bad Ems—Nassau—Bad Schwalbach—Schlangenbad—Wiesbaden), über das in seinen Mauern unversehrte *Dausenau* (140 km,) mit gotischer *Pfarrkirche* (14. Jh.) nach dem Luftkurort

Nassau (90 m; 6000 Einw.), 145 km. 1159 erhielten es die *Grafen von Laurenburg* als Trierer Lehen, nannten sich seitdem „von Nassau" und stiegen bis zur Herzogswürde (1806) auf. Ihre Nachkommen regieren noch heute in den Niederlanden und Luxemburg.

Ihre *Burg* (12. Jh.) südlich der Lahn ist verfallen wie auch, auf halber Höhe, *Burg Stein* (13. Jh.), Sitz der Vorfahren des preußischen Staatsmannes *Karl Freiherr vom Stein* (1757—1831), an den das *Steindenkmal* (1953, am Hang) und das *Steinsche Stadtschloß* (17. Jh.), wo er geboren wurde, erinnern. Sein *Grab* (mit einem *Relief* von *Schwanthaler*) liegt in *Frücht,* 6 km südwestlich *Bad Ems.* — Ein prächtiger, dreistöckiger Fachwerkbau von 1607 ist der *Adelsheimer Hof* (jetzt *Rathaus*).

An der Strecke Trier—Koblenz—Gießen—Kassel/Fulda.

Montabaur, Nastätten, Wiesbaden, Limburg, Koblenz, St. Goarshausen.

„Lahnbastei".

„Hamaro", „Zur Krone", „Zum Anker". — . –

Die *B 260* schwenkt in Nassau nach Süden ab. Wir bleiben im windungsreichen *Lahntal* auf der *B 417.*

Hinter der kurkölnischen *Talburg Langenau* (13./14. Jh., 1698 schloßartig ausgebaut, ⛺) erscheint auf waldigem Felskegel über der Lahn das von *Obernhof* (150 km) erreichbare ehemalige Prämonstratenser-

Kloster Arnstein (12./14. Jh.), eine romanische, gotisch erweiterte Pfeilerbasilika mit zwei Chören und zwei Turmpaaren. Von den romanischen Klostergebäuden blieb nur das *Konventshaus* (mit *Rittersaal*) erhalten.

Vor *Laurenburg* (158 km) mit der verfallenen *Stammburg* (11. Jh.) des *Hauses Nassau* biegt die *B 417*, das immer unwegsamere Lahntal meidend, nach Norden aus. Über den Luftkurort *Holzappel* mit dem vielbesuchten Wassersportplatz *Hertasee*, *Hirschberg*, *Altendiez* erreichen wir, nun außerhalb des *Naturparks Nassau*, den *Felke-Kurort*

Diez (110 m; 11 000 Einw.), 173 km. Die *Altstadt* mit zahlreichen *Fachwerkhäusern*, an die sich die östliche *Neustadt* (1707) anschließt, entwickelte sich bei der von Trier verliehenen *Burg* der *Grafen von Diez* (seit 11. Jh.). Ihr Erbe (1386) wurde wiederholt geteilt. Seit 1564 war Diez *nassau-dillenburgischer* Alleinbesitz, 1607 bis 1743 Residenz der 1652 gefürsteten *Grafen von Nassau-Diez*.

Die ehemalige *Stiftskirche* (13. Jh.) enthält wertvolle *Bildnisgrabsteine* und einen *Prunksarkophag* der Fürstin *Amalie von Nassau-Diez* († 1726).

Das nördlich der Stadt an der Lahn gelegene *Schloß Oranienstein* (1672 bis 1709), eine Perle deutsch-niederländischen Barocks, war 1801—06 Residenz der aus den Niederlanden vertriebenen *Fürsten von Nassau-Oranien*.

🚂 An den Strecken Trier—Gießen—Kassel/Fulda und Limburg—Wiesbaden.

🚌 Katzenelnbogen, Limburg, Wiesbaden.

🏨 „Hof von Holland", „Imperial", „Nassauer Schenke", „Oranien".

⛺ Schloßberg 8.

⛺ an der Lahn.

7 km südwestlich Diez liegt oberhalb der *Ruine Balduinstein* (14. Jh.) die aussichtsreiche *Schaumburg* (12. Jh., 1850—55 neugotisch ausgebaut, Hotel „Waldecker Hof" 🏨).

Unsere Route folgt ab Diez der *B 54* in südlicher Richtung entlang der *Aar* in den *Taunus*. Die *Burg Aardeck* (1395, links) sicherte nach Süden. Hinter *Hahnstätten* (182 km) bietet sich bei *Zollhaus* (184 km) Gelegenheit zum Besuch weiterer Ruinen. 1 km links der *B 54* liegt die guterhaltene Feste *Burgschwalbach* (1368—71), die von *Katzenelnbogen* 1536 an *Nassau* kam und zeitweilig Residenz der *Weilburger Linie* war. 2 km rechts, zu erreichen über die *B 274*, liegt die nassau-weilburgische Feste *Hohlenfels* (14. Jh.), 5 km weiter, landschaftlich überaus reizvoll, der Luftkurort *Katzenelnbogen*, Stammsitz eines der mächtigsten Grafengeschlechter der deutschen Reichs- und mittelrheinischen Landesgeschichte, das in der *Niedergrafschaft* (nordwestlicher Taunus) und *Obergrafschaft Katzenelnbogen* (um Darmstadt) regierte, aber schon 1479 ausstarb. Die heutige unbedeutende Burg stammt von 1584.

Hinter *Schiesheim* (185 km) verlassen wir Rheinland-Pfalz und kehren auf *hessisches* Gebiet zurück. Südlich *Aarbergen* (190 km) wird das *Aartal* windungsreicher, am romantischsten bei *Hohenstein* (199 km) mit der eindrucksvollen *Ruine* einer der stärksten katzenelnbogischen Burgen (um 1190). In einem Seitental liegt rechts

Bad Schwalbach, 205 km (siehe S. 36). Hinter *Taunusstein-Bleidenstadt* (210 km) biegt die *B 54* bei *Hahn* (212 km) rechts ab, überquert den *Taunuskamm* (424 m) und führt auf schöner Bergstrecke hinunter nach

Wiesbaden, 222 km (siehe S. 19), von wo uns die *Autobahn* ohne weiteren Aufenthalt zurückführt nach

Frankfurt, 260 km (siehe S. 14).

Burgschwalbach

Route 3: An die Mittellahn (166 km)

Der Fahrtroute (Karte siehe S. 33) entsprechen in etwa die Eisenbahnstrecken *Frankfurt—Gießen, Gießen—Weilburg* und *Weilburg—Frankfurt.*

Wir benutzen ab *Frankfurt* (siehe S. 14) die *Autobahn* in Richtung *Kassel*, vorbei an *Bad Homburg* (15 km, siehe S. 29), *Friedberg* (25 km, siehe S. 46), *Bad Nauheim* (36 km, siehe S. 46) und *Butzbach* (42 km, siehe S. 47), bis zur *Ausfahrt Gießen-Ost* (52 km), wo wir auf die *B 457* überwechseln. Das 1977 mit Wetzlar zur Stadt *Lahn* vereinigte

Gießen (159 m; 78000 Einw.), 61 km, das historische Zentrum von *Oberhessen*, entwickelte sich im Anschluß an eine hessische, gegen Nassau und Mainz gerichtete *Wasserburg* (12. Jh.) seit 1604 als nördlicher Pfeiler von *Hessen-Darmstadt*, das 1607 die *Universität* gründete. *Justus von Liebig* (1803—73) machte sie zum Zentrum des Chemiestudiums, und *Wilhelm Röntgen* (1845—1923) entdeckte hier den Röntgen-Strom.

Im Zweiten Weltkrieg wurde Gießen zu zwei Dritteln zerstört. Erhalten blieben in der modern erneuerten Geschäfts- und Universitätsstadt das *Neue Schloß* (1533—39), ein mächtiger Fachwerkbau, mit dem östlich angrenzenden *Zeughaus* (1586—90, als *Universitätsinstitut* ausgebaut) und das sogenannte *Leibsche Haus* (14. Jh., *Kirchenplatz*), eines der ältesten deutschen Fachwerkhäuser. Das aus der Wasserburg hervorgegangene *Alte Schloß* (14./17. Jh.) ist noch Kriegsruine. Die *Universität* (*Ludwigstraße*) ist ein nachklassizistischer Bau von 1879. Sehenswert ist *Liebigs Laboratorium* (1824, *Liebig-Museum, Liebigstraße 12*). Der *Botanische Garten* (*Senckenbergstraße*) wurde bereits 1609 angelegt.

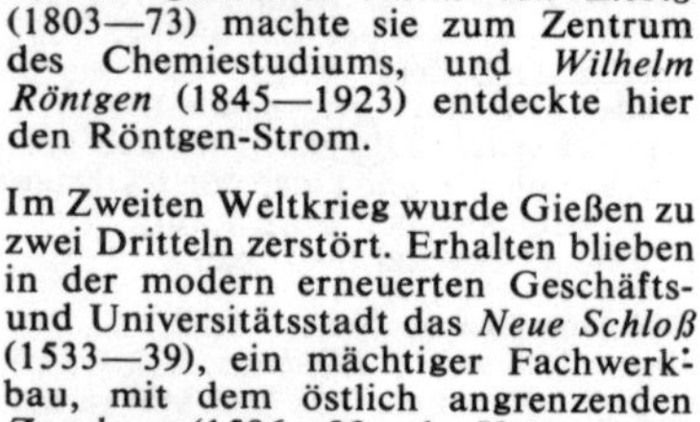

Gießen: Zeughaus

Zu Gießen gehört (6 km südwestlich) die als Augustinerstift begründete ehemalige *Deutschordenskomturei* (1329 bis 1809) *Schiffenberg*, deren romanische, doppelchörige *Kirche* (nach 1129), *Propstei* (1463) und *Komturei* (1493) erhalten sind.

An den Strecken Frankfurt—Kassel und Trier—Koblenz—Fulda und nach Gelnhausen und Köln.

Dillenburg, Friedberg—Laubach, Gelnhausen, Grünberg—Ulrichstein u.a.

„Köhler", „Kübel", „Ludwigsplatz", „Parkhotel", „Steinsgarten".

„Bahnhofshotel", „Burkhart", „Möbus" (garni).

und Hardtallee 75.

Frei- und Hallen-.

Der Ebene nördlich Gießen geben die 6 und 8 km entfernten Burgruinen *Gleiberg* (11. Jh., 1328 nassauisch) und *Vetzberg* (12. Jh., Ganerbenburg) das Gepräge.

Aus Gießen folgen wir in westlicher Richtung der *B 49* nach

Wetzlar (152 m; 33000 Einw.), 76 km. Die *staufische Reichsstadt* (1180) entwickelte sich am Zusammenfluß von *Lahn* und *Dill* und an der Straße Frankfurt—Köln. Neue Blüte brachte das *Reichskammergericht* (1693 bis 1806), an dem 1772 der junge *Goethe* praktizierte. Dem seit 1815 preußischen Wetzlar gelang die Ansiedlung namhafter Industriewerke (*Buderus, Hensoldt, Leitz, Philips*). — Von der *Reichsburg Kalsmunt* (12. Jh.) steht nur noch der quadratische *Bergfried* mit sehr schönem Blick über Lahntal und Stadt.

Sie wird überragt vom *Dom*, durch seine Stilfolgen ein steinernes Lehrbuch der Kunstgeschichte. Die *romanischen Doppeltürme* (um 1180) blieben, ummantelt von der unvollendeten *gotischen Westfassade* (14. Jh., Helm des Südturms 1561), größtenteils stehen, während der von der Limburger Frühgotik zur Kölner Hochgotik wechselnde Umbau von *Chor* und *Langhaus*

(13./14. Jh.) zum Abschluß kam. Wir bewundern die reich verzierten *Portale* und im Innern das überlebensgroße *Vesperbild* (um 1370—80) und die ausdrucksvolle *Madonna* (um 1460) im Chor.

In der noch sehr einheitlichen *Altstadt* dominieren die *Fachwerkhäuser*, besonders schön am *Eisenmarkt* und *Kornmarkt*. Zu dem im Kern noch mittelalterlichen *Deutschordenshof* (18. Jh., *Städtisches Museum*) gehört das *Lottehaus* (*Pfaffengasse*), das Geburtshaus der durch ihr Verhältnis zu *Goethe* und dessen literarische Verarbeitung in den „Leiden des jungen Werther" (1774) berühmt gewordenen *Charlotte Buff* (1743—1828). Das *Jerusalemhaus* (*Schillerplatz* 5) erinnert mit seinen Sammlungen an das Urbild *Werthers*, *Karl Wilhelm Jerusalem* (1747—72).

Das *Palais Papius* (Kornblumengasse 1) enthält eine einmalige Sammlung europäischer Wohnkultur des 16. bis 18. Jahrhunderts.

🚂 An der Strecke Trier—Koblenz—Gießen—Kassel/Fulda und nach Siegen—Hagen/Köln, Usingen—Frankfurt.

🚌 Dillenburg, Haiger, Lollar u.a.

🏨 „Bergstraße", „Bürgerhof", „Eulerhaus", „Wetzlarer Hof".

⌂ „Goltermann" (garni), „Mayerle", „Schöne Aussicht".

⛺, ⛺, Frei-🏊 und Hallen-🏊.

Nördlich der *Lahn*, 4 km westlich Wetzlar, liegt das ehemalige *Prämonstratenserinnenkloster Altenberg*. In der schlichten, einschiffigen *Kirche* (1251 bis 1300) mit *Nonnenempore* und *Hochgrab* der *seligen Gertrud* († 1294), einer Tochter der *heiligen Elisabeth*, wurden bedeutende *Wandmalereien* (Ende 13. Jh.) freigelegt.

Die *B 49* führt von Wetzlar südlich der *Lahn* über *Solms* (83 km), wo der *Naturpark Hochtaunus* beginnt, nach dem Luftkurort

Braunfels (236 m; 9700 Einw., ⛺, beheiztes Frei-SB), 87 km. Das *Schloß* der 1742 gefürsteten *Grafen von Solms-Braunfels*, im Kern noch romanisch (13. Jh.), wurde 1846—91 im Stil der preußisch-rheinischen Hochromantik ausgebaut. Die fürstlichen *Sammlungen* sind sehenswert. Von ursprünglichem Reiz ist der von der *Schloßkapelle* (1501) überbaute *Torweg*, der durch das doppeltürmige *Unterste Tor* (15. Jh.) auf den von *Fachwerkhäusern* eingeschlossenen *Marktplatz* mündet. Im *Kurpark*, dem fürstlichen Herrngarten, wird der *Biskirchener Karlssprudel* kurmäßig ausgeschenkt (Katarrhe und Stoffwechselkrankheiten).

Wir fahren weiter auf der *B 49*, vorbei am *Wildpark „Tiergarten Weilburg"* (bewirtschaftet), dem ehemaligen Hoftiergarten, in die nassauische Barockresidenz

Weilburg

Weilburg (172 m; 13900 Einw.), 99 km. Auf uneinnehmbarem Bergsporn über der großen Lahnschleife saßen schon die *Lahngaugrafen* (10. Jh.), gefolgt von den *Grafen von Nassau* (12. Jh.), die den Burgflecken 1295 zur Stadt, 1355 zur Residenz der Linie *Nassau-Weilburg* erhoben. 1739 gefürstet, gingen sie 1816 als Herzöge nach Wiesbaden. Mit dem Herzogtum wurde auch Weilburg 1866 *preußisch*.

Das aus der Burg hervorgegangene *Hochschloß* umschließt mit vier *Renaissanceflügeln* (1535–75, Pflaster von 1702—03) einen der schönsten *Binnenhöfe* Deutschlands. Die *Innenräume* (17./19. Jh.) bergen eine Fülle kulturhistorischer Kostbarkeiten (Im Juni/Juli „Weilburger Schloßkonzerte").

Die *barocken Erweiterungen* (1700—46) des Hofarchitekten *Julius Rothweil* passen sich geschickt dem Gelände an: im Westen die *Administration* um den *Schloßplatz* (*Kanzlei*, jetzt *Heimat- und Bergbaumuseum*), im Norden die *Ökonomie* um den *Viehhof* (*Marstall*, *Reithalle*, *Heuscheuer*, heute Stadthalle), vor allem aber im südlichen *Lustgarten* die *Obere Orangerie* mit dem von *Carlo Maria Pozzi* reich stukkierten *Festsaal* (1704) und der nach *Versailler*

Weilburg: Untere Orangerie

Vorbild gestalteten *Unteren Orangerie* (*Schloßterrassencafé*). *Rothweil* schuf auch die originell mit dem *Rathaus* verbundene *Schloßkirche* (1707—13), den bedeutendsten, oft kopierten protestantischen Kirchennbau Hessens, mit vornehmen *Stukkaturen* (1711—12) von *Andreas Gallasini* und *Malereien* von *Georg Christian Seekatz d. Ä.*

Auch die sich zur *Lahnbrücke* (1764 bis 1769) hinunterziehende Stadt verdankt ihre Einheitlichkeit höfischer Planung. Eine beachtliche bautechnische Leistung ist der *Schiffstunnel* (1847) mit monumentalem *Nordtor*, der den Schiffen die Lahnschleife ersparte.

Auf dem Friedhof vor dem *Landtor* (1759) ist die *Heiliggrabkapelle* (1505) als nachromanischer achteckiger Zentralbau bemerkenswert, nicht weniger die benachbarte *Kreuzigungsgruppe* (16. Jh., *Backoffen-Schule*).

An der Straße nach *Braunfels* liegt links die von *Rothweil* nach französischen Vorbildern gestaltete Sommerresidenz *Jagdschloß Windhof* (1713–26), jetzt *Techniker-Schulwohnheim.*

🚂 An der Strecke Koblenz—Gießen—Kassel/Fulda.

🚌 Essen, Limburg, Usingen—Neuweilnau—Bad Homburg.

⌂⌂ „Heyne", „Lindenhof".

⌂ „Weilburger Hof", „Traube" (garni), „Zum Lord", „Kubacher Hof".

▲ Am Steinbühl. – ▲ im Stadtteil Weilburg-Odersbach.

Frei-🏊 und Hallen-🏊.

Wir verlassen Weilburg durch das *Landtor*, fahren rechts zur *Lahn* hinunter und biegen nach 1 km links ab ins *Weiltal* nach *Freienfels* (104 km) mit guterhaltener *Burgruine* (14. Jh., nassauisches Lehen der *Grafen von Schönborn*).

Wer mehr von der *Lahn* sehen möchte, fährt in *Freienfels* rechts ab über *Weinbach, Elkerhausen, Aumenau* (113 km), wo die Lahn wieder erreicht wird, *Villmar* (118 km) mit großen *Marmorbrüchen, Runkel* (121 km, ▲) mit monumentaler romanischer *Burg* (12. Jh.) nach *Limburg* (128 km, siehe S. 39) und kehrt auf der *Route 2 B* nach *Frankfurt* (202 km) zurück.

Unsere Route führt von *Freienfels* über *Weilmünster* (112 km, 🏊) das reizvolle *Weiltal* aufwärts, vorbei an dem beliebten Ausflugslokal „*Runkelsteiner Mühle*" (119 km, ⌂). Hinter *Emmershausen* wird das Tal windungsreicher und romantischer. Das wehrhafte *Pfarrhaus* (1522) in dem als Sommerfrische beliebten *Rod a.d. Weil* (125 km) ist eines der ältesten in Hessen.

Der Luftkurort *Neuweilnau* (129 km) hat seinen Charakter als nassau-weilburgische Nebenresidenz gut bewahrt. Das schlichte *Renaissanceschloß* (1506 bis 1566) ist heute Forstamt. Malerisch auf aussichtsreichem Bergkegel liegt *Altweilnau* (130 km) mit *Burgruine* (12. Jh) und schönen *Fachwerkhäusern*, im Tal zwischen beiden Orten die gern besuchte *Erbismühle* (⌂⌂, Hallen-🏊).

Von der *Kirchenruine Landstein* (132 km) folgen wir der *Route 1* bis *Schmitten* (138 km, siehe S. 31). Dort verlassen wir das Weiltal nach links, überqueren auf der Paßhöhe *Sandplacken* (669 m, 143 km, ⌂), von wo man den *Großen Feldberg* (siehe S. 31) erreicht, den Hochtaunus und fahren auf reizvoller Gebirgsstrecke hinunter nach

Oberursel (210 m; 41 000 Einw., 🏊), 155 km, das zu den bevorzugten Taunusrandstädten gehört. Die gotische *Pfarrkirche St. Ursula* (15. Jh.) und das über einem Tor errichtete *Alte Rathaus* (1658, mit *Hans-Thoma-Gedächtnisstätte*), sind behütete Sehenswürdigkeiten, die der Brand in der eppsteinischen, 1581 – 1803 kurmainzischen, Stadt verschonte.

⌂⌂ „Parkhotel Schnitker", „Panorama-Hotel", „Waldlust".

Über *Niederursel* und *Heddernheim* kehren wir auf der *Eschersheimer Landstraße* zurück nach

Frankfurt, 166 km, siehe S. 14.

Route 4: Wetterau, Vogelsberg und Kinzigtal (147 bzw. 198 km)

Unsere Route führt durch uraltes, schon von den *Römern* gehütetes Kulturland, die „Kornkammer Hessens“, und durch die Forsten zwischen *Vogelsberg* und *Kinzig*. Der Route entsprechen in etwa die *Main-Weser-Bahn*, die *Kinzigtalbahn* und die Querverbindungen *Gießen—Gelnhausen* und *Frankfurt—Gedern*.

Wir verlassen *Frankfurt* (siehe S. 14) auf der *Friedberger Landstraße* (*B 3*), vorbei an der *Friedberger Warte* (1478), hinter der *Berger Höhe* (212 m) abwärts ins *Niddatal*.

Bad Vilbel (109 m; 25000 Einw.), 10 km, mit *22 Mineralbrunnen* war als *Heilbad* (Herz, Kreislauf, Rheuma) schon den *Römern* bekannt. Der prachtvolle *Mosaikfußboden* einer *römischen Badeanlage* befindet sich im *Landesmuseum Darmstadt*. Vilbel war nach dem Ende der *Münzenberger* (1255) lange zwischen *Hanau* und *Mainz* (seit 1581) geteilt, bis es 1816 an *Hessen-Darmstadt* fiel.

Von der *Wasserburg* (1414) sind nur Reste mit dem *Torturm* erhalten. Die malerisch am Hang gelegene evangelische *Pfarrkirche* (1697) lehnt sich an einen mächtigen Westturm (15. Jh.) an. Das *Fachwerkrathaus* stammt von 1747.

Die *B 3* folgt dem weiten, fruchtbaren *Niddatal* über *Kloppenheim* (15 km) mit einstigem *Deutschordensschloß* (1714) bis *Nieder-Wöllstadt* (22 km). Hier empfiehlt sich ein Abstecher (4 km je Weg) auf der *B 45* rechts nach *Ilbenstadt* und *Assenheim*.

Die ehemalige *Prämonstratenserklosterkirche Ilbenstadt* (1123—59) ist eine bedeutende, um 1500 gewölbte, roma-

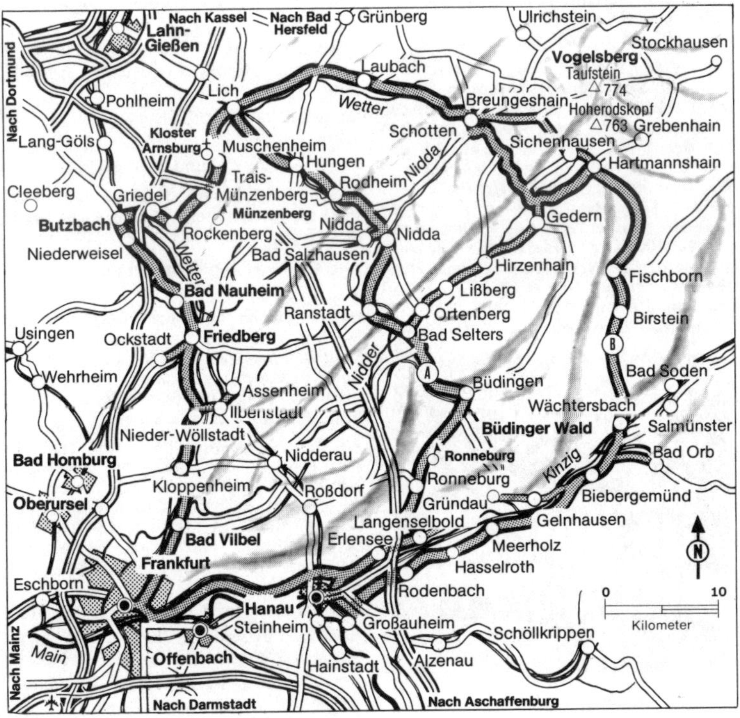

nische Basilika, berühmt durch ihre klare Architektur, feine *Steinmetzarbeit*, Reste spätgotischer *Wandmalereien*, schöne *Grabmäler* (13./18. Jh.) und *Barockplastiken* (1744) des Mainzer Bildhauers *Burkhard Zamels*. Von den Klostergebäuden (1707—15) ist das *Obere Tor* (1721), zweigeschossig mit Mansarddach, besonders bemerkenswert.

Im *Schloß* (1789) der *Grafen von Solms-Rödelheim zu Assenheim* ist die klassizistische Innenausstattung erhalten (*Schloßmuseum*).

Von *Wöllstadt* führt die *B 3* nach

Friedberg (159 m; 25000 Einw.), 29 km, dem Mittelpunkt der *Wetterau*, Hauptstadt des *Wetteraukreises*.

Über dem *Usatal* „in monte Tauno" (*Tacitus*, Ann. I, 56) stand bereits ein *römisches Kastell*, an das sich eine Vorstadt, die *Civitas Taunensium*, anlehnte. Der Name übertrug sich auf das westliche Gebirge. Die *freie Reichsstadt Friedberg* war indes eine *staufische* Neugründung (um 1170—80), die zeitweilig mit Frankfurt konkurrierte und erst 1802 an *Hessen-Darmstadt* fiel.

Die gleichzeitige *Burg* entwickelte sich als Sitz der *Wetterauer Ritterschaft* (14. Jh.) zu einer selbständigen „Adelsrepublik" und wurde erst 1834 mit der Stadt vereinigt. Aus der gut erhaltenen großräumigen (40 Hektar!) Wehranlage ragt der *Adolfsturm* (1347) hervor. Den Bering füllen Burgmannenhöfe, ostseitig das *Burggrafiat* (1604—10, 1817 *Hessisches Schloß*) mit schönen *Renaissancegiebeln* und das *Deutschordenshaus* (1715—17) mit reichem Portal, dazwischen das *Kavaliershaus* (um 1605). Den Burgplatz beherrschen die *Burgkirche* (1782 bis 1808) und der *St.-Georgs-Brunnen* mit dem Heiligen von *Burkhard Zamels*.

Friedberg: Schloßportal

Die *Liebfrauenkirche* (1260—1410, Türme nicht ausgeführt) ist nach *St. Elisabeth* in *Marburg* die schönste frühgotische Hallenkirche Hessens. Zur Ausstattung gehören ein frühgotischer *Ziborienaltar* (um 1250, am Lettner) mit schönen Blattkapitellen, die realistische „Friedberger Madonna" (um 1270—80), hervorragende Beispiele gotischer *Glasmalerei* in den drei mittleren Chorfenstern (14./15. Jh.) und ein 14 m hohes, fein skulptiertes *Sakramentshäuschen* (1482—84).

Eine besondere Sehenswürdigkeit ist das *Judenbad* (1260, *Judengasse 20*), die monumentalste Anlage eines rituellen Frauenbades in Deutschland, bis zur Zisterne 26 m tief.

Die 30 m breite *Kaiserstraße* ist das gut erhaltene Beispiel eines *mittelalterlichen Straßenmarktes*.

🚂 An der Strecke Frankfurt—Gießen —Kassel und nach Bad Homburg—Frankfurt, Hanau. Hungen, Nidda.

🚌 Bad Homburg, Bad Nauheim, Gießen, Hungen—Laubach, Nidda—Schotten, Usingen—Idstein—Wiesbaden.

🏨 „Stadthalle".

⌂ „Post", „Trapp", „Zum alten Mühlrad". — Frei-🏊 und Hallen-🏊.

3 km westlich, im Stadtteil *Ockstadt*, liegt die guterhaltene *Wasserburg* (1490) der *Herren von Frankenstein*.

Die *B 3* führt von Friedberg nach

Bad Nauheim (144 m; 26000 Einw.), 32 km, das sich nach Ausbruch des *Großen Sprudels* (1846) aus einem Salzsiederdorf zu einem internationalen *Thermal-Heilbad* (Herz, Kreislauf, Rheuma) entwickelt hat.

An den *Sprudelhof* (1905—09. Jugendstil) schließt der 1855—56 angelegte, 200 ha große *Kurpark* (*Salzmuseum am Gr. Teich*) an. Die *Gradierwerke* befinden sich im südlichen Stadtteil. Schön ist die Sicht über die Wetterau vom *Johannisberg* (268 m) mit *Kirchenruine* (8. Jh.).

🚂 An der Strecke Frankfurt—Kassel.

🚌 Bad Homburg, Berlin, Friedberg, Gießen, Usingen—Idstein—Wiesbaden.

🏨 „Hilberts Parkhotel", „Hotel am Hochwald".

🏨 „Astoria“, „Blumes Hotel“, „Carola“, „Friese“, „Gesundbrunnen“, „Hessenland“, „Jung“, „Rex“, „Spöttel“.

⌂ „Bayrischer Hof“, „Christliches Hospiz“, „Hessischer Hof“, „Kurfürst“ (garni).

⛺ Johannisberg 12. — Thermalsole-🏊.

Hinter *Bad Nauheim* verläßt die *B 3* das *Usatal*, überquert die *Autobahn Frankfurt—Kassel* und führt, vorbei an den Rosenfeldern von *Steinfurth* und *Oppershofen*, über *Niederweisel* (40 km) mit interessanter zweigeschossiger *Johanniterkirche* (Anfang 13. Jh.) nach

Butzbach (199 m; 21000 Einw.), 42 km, das sich aus einer *römischen Limes-Garnison* entwickelte. Der *Grenzwall* ist westlich der Stadt auf dem *Schrenzer* noch sichtbar. Am *Münzenbergischen Erbe* (1255) partizipierten mehrere Herren, bis die Stadt 1741 ganz an *Hessen-Darmstadt* fiel. 1609—43 war sie Residenz der *Linie Hessen-Butzbach*. Die *Befestigung* (14. Jh.) der kreisförmigen *Altstadt* ist weitgehend erhalten. Das *Solmssche Schloß* (*Amtsgericht*) mit originellem *Treppenhaus* und das *Hessische Schloß* (*Kaserne*) sind schlichte Bauten von 1481 und 1610. Den malerischen *Marktplatz* mit *Marktbrunnen* (1575) schmücken zum Teil geschnitzte *Fachwerkhäuser*, darunter das *Rathaus* (1558—60), die Doppelhäuser *Alte Post* und *Goldener Ritter* (1636) und *Goldener Löwe* (1709).

Die evangelische *Pfarrkirche St. Markus* (14./15. Jh.), die auf dem umwehrten Kirchhof sich mit der *Michaelskapelle* (1433, *Heimatmuseum*) wirkungsvoll gruppiert, birgt die *Gruft* (1620—22) des *Landgrafen Philipp III. von Hessen-Butzbach*. Die *Wendelinskapelle* (15./16. Jh., *Weiseler Straße*) mit *Schnitzaltar* (um 1500) ist die älteste Holzkirche Hessens.

🚂 An der Strecke Frankfurt—Kassel.

🚌 Bad Nauheim, Cleeberg, Lich—Grünberg.

🏨 „Deutsches Haus“.

Hallen-🏊 und Frei-🏊 (beheizt).

Von *Butzbach* führt die *B 488* direkt nach *Lich*. Wir biegen gleich rechts ab über *Griedel* (44 km) nach *Rockenberg* (46 km) mit schöner Rokokokirche (1733—41) des ehemaligen

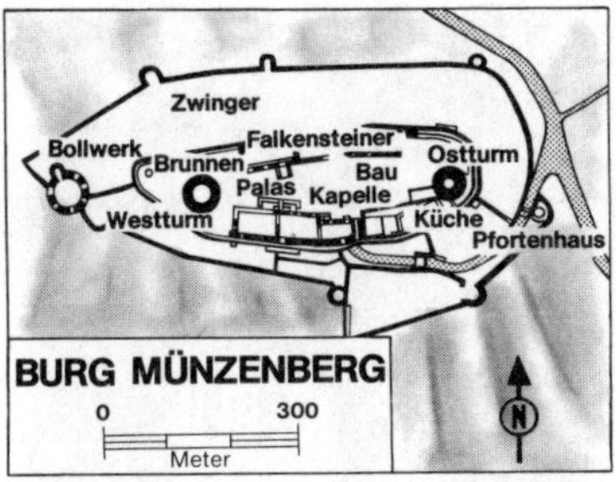

Zisterzienserinnenklosters Marienschloß (jetzt *Jugendstrafanstalt*) und der *Burg* der Stifterfamilie *von Bellersheim* (13./14. Jh., jetzt Wohnungen). Hinter der *Pfarrkirche* (1754) biegen wir links ab zu dem zweitürmigen „Wetterauer Tintenfaß“:

Burg Münzenberg (1152—1207), 50 km, einst Sitz der gleichnamigen, 1255 ausgestorbenen, mächtigen Reichsdienstmannen, ist noch als *Ruine* ein treffliches Beispiel staufischer Baukunst mit feinen Details am *romanischen Palas* (Südseite) und am *Falkensteiner Bau* (nach 1286, Nordseite). Das Burgstädtchen schmiegt sich mit *Pfarrkirche* (13. Jh.), *Rathaus* (1551—54) und *Burgmannenhöfen* nördlich an den Burgberg an (🏨 Burghotel).

Über *Trais-Münzenberg* und *Muschenheim* erreichen wir das in einer Schleife der *Wetter* gelegene ehemalige

Kloster Arnsburg, 54 km, eine Münzenberger Gründung (1174) für *Eberbacher Zisterzienser*, die sich zum reichsten Kloster der Wetterau entwickelte. Die nach der Aufhebung (1802) teilweise abgebrochenen spätromanischen Bauten sind immer noch von eindrucksvoller Monumentalität, besonders die dreischiffige, 85 m lange *Kreuzbasilika* (1197—1246), *Kapitelsaal*, *Parlatorium* und *Dormitorium*, die mit den barocken *Konventsgebäuden*, *Prälatenbau* (1727), *Pfortenbau* (1774—77) und *Gartenhaus* (1751, jenseits der Wetter), kontrastieren. Der ehemalige *Kreuzganghof* ist seit 1959 *Kriegsgräberstätte* (🏨 „Alte Klostermühle“).

Hinter *Arnsburg* stoßen wir wieder auf die *B 488*, der wir rechts bis

Lich (171 m; 10 300 Einw.), 58 km, folgen. Die Stadt kam 1419 aus münzenbergischem Erbe an die *Grafen von Solms*, deren *Linie Solms-Hohensolms-Lich* 1792 gefürstet wurde. Die

Lich: Falkensteingrab

Landeshoheit fiel 1806 an *Hessen-Darmstadt.*

Von der teilweise erhaltenen *Stadtbefestigung* dient der hohe, quadratische *Stadtturm* (um 1500) zugleich als Turm der *Marienstiftskirche* (1510—25), einer spätgotischen Hallenkirche mit Emporen und Chorumgang, eleganter *Rokokokanzel* (1767—74) und bedeutenden *Grabsteinen.* Eines der schönsten Werke mittelrheinischer Plastik ist die *Reliefplatte* (1330) für *Kuno* und *Anna von Falkenstein.*

Das *Schloß* der *Fürsten zu Solms-Lich,* ursprünglich eine vierflügelige *Wasserburg* (um 1300), barockisiert und mit *klassizistischem Querbau* (1833—37) von *Georg Moller*, liegt malerisch in schöner Parkanlage.

Von den Fachwerkhäusern ist besonders das reich geschnitzte *Textorhaus* (1632, *Kirchplatz 4*) zu nennen.

🚂 An der Strecke Gießen--Gelnhausen.

🚌 An den Linien Butzbach—Grünberg, Gießen—Laubach—Schotten und Gießen—Nidda—Gelnhausen.

⌂ „Holländischer Hof", „Parkhotel", „Schneider". — Frei- und Hallen-🏊.

A: ZURÜCK ÜBER DIE B 457 (147 km)

Wir folgen in *Lich* rechts der Vogelsbergrandstraße *B 457* nach

Hungen (150 m; 7800 Einw.), 66 km, das aus dem Besitz des *Klosters Hersfeld* über die Klostervögte (*Münzenberg, Falkenstein*) 1419 an die *Grafen von Solms* fiel, die hier 1602—78 in einer Nebenlinie residierten. 1806 fiel Hungen an *Hessen-Darmstadt.*

Das um einen malerischen *Innenhof* eigentümlich verschachtelte *Schloß* der *Grafen zu Solms-Braunfels* stammt im Kern von 1454—56, wurde aber 1604 bis 1612 im Renaissancestil umgestaltet. Die hofseitigen *Laubengänge* sowie die *Fachwerkaufbauten* des romantischen *Torbaus* stammen von 1700.

In der evangelischen *Pfarrkirche*, deren *Chorturm* (12./13. Jh.), *Chor* (1514—18) und geometrisch stuckiertes *Langhaus* (1596—1608) sich reizvoll gruppieren, war die *Grablege* der *Grafen von Solms-Hungen.* In dem Zyklus der 1907 im *Turmchor* freigelegten *Wandmalereien* ist eine Darstellung des *Marientodes* (um 1400) vorzüglich erhalten.

🚂 An der Strecke Gießen—Gelnhausen und nach Friedberg.

🚌 An den Linien Gießen—Gelnhausen und Friedberg—Laubach.

⌂ „Schloßhotel". — Beheiztes Frei-🏊.

Die *B 457* führt weiter nach

Nidda (131 m; 16500 Einw.), 78 km, das als fuldisches Lehen der *Grafen von Ziegenhain* 1450 an die *Landgrafschaft Hessen*, 1604 an *Hessen-Darmstadt* kam. Das charakteristische Bild einer oberhessischen Kleinstadt bietet sich vor allem in der *Alten Gasse* und am weiten *Marktplatz* mit dem *Renaissancebrunnen* von 1650.

Von der ehemaligen *Wasserburg* ist nichts Mittelalterliches erhalten. Das Hauptgebäude („Schloß", jetzt *Amtsgericht*) stammt von 1600. Zu einer ehemaligen Johanniter-Komturei gehörte der *Johanniterturm* (1491).

Die evangelische *Stadtkirche* (1616—18) mit ähnlichen, aber reicheren Stukkaturen wie die in Hungen, zeigt den Typ der protestantischen Predigtkirche.

🚂 An der Strecke Gießen—Gelnhausen und nach Friedberg.

🚌 An den Linien Frankfurt—Lauterbach, Frankfurt—Schotten, Friedberg—Schotten und Gießen—Gelnhausen.

⌂ „Darmstädter Hof", „Traube". — Frei- und Hallen-🏊.

3 km westlich liegt das idyllische *Bad Salzhausen* (heute Stadtteil von *Nidda*), eines der ältesten deutschen Solbäder (Herz, Kreislauf, Rheuma, Katarrhe) mit *Kurhaus* (1826) und *Tanzsaal* (1827) von *Georg Moller* im botanisch interessanten *Kurpark.*

Von *Nidda* führt die *B 457* auf landschaftlich schöner Strecke bis *Ranstadt* (85 km), dann links weiter, zusammen mit der *B 275*, aus dem *Niddatal* ins *Niddertal*.

Kurz vor dem ländlichen *Bad Selters* (90 km, heute Ortsteil von *Ortenberg*), von wo sich ein Abstecher (2 km je Weg) nach *Ortenberg* (siehe S. 50) lohnt, liegt links das profanierte ehemalige *Prämonstratenserkloster Konradsdorf* mit *Pfeilerbasilika* (um 1170 bis 1190) und romanischem Abtsgebäude. – Die *B 457* führt weiter über *Bleichenbach* und *Büches* nach

Büdingen (134 m; 17000 Einw.), 100 km. Die *Herren von Büdingen* und ihre *Ysenburger* Erben (seit 1258) schützten den staufischen Reichswald zwischen *Kinzig* und *Nidder* und begünstigten die Entwicklung der in seltener Geschlossenheit erhaltenen mittelalterlichen Stadt. 1816 fiel Büdingen an *Hessen-Darmstadt*.

Das *Schloß* der *Fürsten zu Ysenburg-Büdingen*, ursprünglich eine 13eckige Wasserburg mit hufeisenförmiger Vorburg, reicht mit *Bergfried*, *Palas* und romanischer *Burgkapelle* (nur Portal erhalten) in das 12. Jahrhundert zurück. Aus dem 15. Jahrhundert stammt die gotische, netzgewölbte *Schloßkapelle* mit gleichzeitigem *Chorgestühl* und schöner *Steinkanzel* (1610). Mehrere Räume, meist mit vorzüglicher *Renaissanceausmalung*, sind als *Schloßmuseum* zugänglich.

Die um *Altstadt* und die vor 1390 angelegte *Neustadt* geführte *Stadtmauer* (doppelter Mauerring) ist fast vollständig erhalten, besonders schön am *Mühltor* und am *Lohsteg* mit dem maßwerkverzierten *Jerusalemer Tor* (1503).

Die *Marienkirche* (1476–91) ist eine spätgotische Hallenkirche mit reichem Netzgewölbe im Chor und einem 1956 freigelegten *Jüngsten Gericht* über dem Triumphbogen aus der Bauzeit.

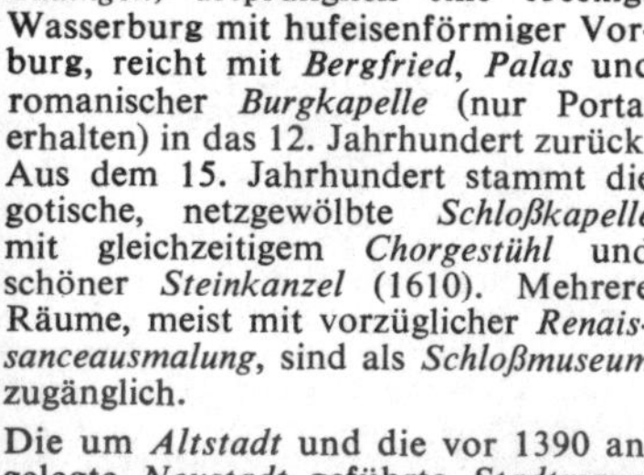

Büdingen: Jerusalemer Tor

Aus der überaus großen Zahl historischer Bauten erwähnen wir das *Rathaus* (15. Jh., *Marktstraße;* jetzt *Heuson-Museum*) und das *Steinerne Haus* (um 1500, neben der *Mühlpforte*), beide mit Staffelgiebel, das *Lutherische Haus* (Fachwerk um 1500, *Schloßgasse 11*) und den *Oberhof* (*Obergasse 23*) in Renaissanceformen (1569–71).

Eine Rarität aus vorstaufischer Zeit (um 1000) ist die *Remigiuskirche* im Stadtteil *Großendorf* mit ihrem eigenartigen Westbau. Im Innern wurde im Sommer 1970 ein Vorgängerbau (um 700) ergraben.

An der Strecke Gießen—Gelnhausen.

An den Linien Frankfurt—Lauterbach und Gießen—Gelnhausen und nach Gedern, Hanau und Wenings.

„Büdinger Hof", „Stadt Büdingen", „Fürstenhof" (garni), „Sonnenberg".

am Pfaffenwald. — Frei-, Hallen-.

Hinter *Büdingen* biegen wir rechts ab — die *B 457* führt nach *Gelnhausen* (siehe S. 51) — und folgen der Landstraße über *Lorbach*, *Diebach* zu der auf einer Basaltkuppe über *Alt-Wiedermus* gelegenen

Ronneburg (244 m; *Museum* und *Burghotel*), 109 km, dem unversehrten Beispiel einer Höhenburg des 13. Jahrhunderts. Sie sicherte die Straße nach *Büdingen*. Die ausgedehnte *Vorburg* (1538—55) wird überragt von der sich um einen malerischen *Innenhof* gruppierenden *Kernburg*. Die ältesten Teile (13. Jh.) sind der 38 m hohe, aussichtsreiche *Bergfried* mit *Steinkuppel* von 1581 und der dreigeschossige *Palas* mit sterngewölbtem *Rittersaal* (um 1470). Die übrigen Bauten stammen meist aus der Residenzzeit der *Linie Isenburg-Ronneburg* (1523—1601). 1736 fand hier *Graf von Zinzendorf* mit der *Herrnhuter Brüdergemeinde* Zuflucht.

Die Landstraße führt weiter über *Hüttengesäß* (jetzt *Ronneburg*), dann links ab nach *Langenselbold* (118 km,) mit *Schloß* der *Fürsten von Isenburg-Birstein* (1722) und dem vorbildlichen Zentralbau der protestantischen *Pfarrkirche* (1727). – Wir biegen rechts auf die *B 40* ein, die uns über *Erlensee* (122 km) unter Umgehung von *Hanau* (siehe S. 28) zurückführt nach

Frankfurt, 147 km, siehe S. 14.

Laubach: Schloßeingang

B: ZURÜCK ÜBER DIE B 276 (198 km)

Wir bleiben zunächst im Tal der *Wetter* bis zu dem Luftkurort

Laubach (207 m; 9200 Einw.), 72 km, anfänglich im Besitz der *Abtei Hersfeld*, seit 1548 Residenz der *Grafen von Solms-Laubach*. Ihre Souveränität fiel 1806 an *Hessen-Darmstadt*.

Für das im Kern dreiflügelige *Schloß* (teilweise *Museum*) wurde die gotische Burg (13./15. Jh.) erweitert (16./19. Jh.), der *Bergfried* einbezogen und um 1700 mit barocker Haube gedeckt. Der *Große Schloßhof* entspricht der ehemaligen *Vorburg*. Unter den zahlreichen Trakten sind besonders der *Kemenatenbau* (um 1555) mit *Küche*, *Gesinde-* und *Herrenstube* und der *Nassauer Bau* mit *Barocksaal* (nach 1739), auf der Stadtseite die *Friedrichsburg* (1735—39) und im Park die *Untermühle* (1588—89) bemerkenswert. Die 60000 Bände umfassende *Schloßbibliothek* fußt auf den Schätzen des *Klosters Arnsburg*.

Eine „Fachwerkbrücke" verbindet *Schloß* und *Stadtkirche* (1700—02), eine hochbarocke Predigtkirche mit spätgotischen *Wandmalereien* im älteren *Ostbau* (um 1250), reichgeschnitztem *Herrensitz* (1735), prachtvoller *Orgel* (1747—51) und einer Anzahl Solmser *Grabmäler*.

🚌 An der Linie Gießen—Schotten und nach Hungen—Friedberg.

⌂ „Göbel", „Hubertus", „Waldhaus".

△ am Ramsberg.

⛺ im Froschloch. — Frei- und Hallen-🏊.

Oberhalb *Laubach* stoßen wir auf die *B 276* und folgen ihr rechts in den *Naturpark Hoher Vogelsberg*, der hinter der *Kirchenruine Ruthardshausen* (79 km, links der Straße) beginnt.

Schotten (340 m; 10000 Einw.), 85 km, Luftkurort im oberen *Niddatal*, ist eine Gründung *iroschottischer Missionare* des 8. Jahrhunderts. Seit 1407 verdrängte *Hessen* die ritterlichen Stadtherren und gewann den Ort 1583 ganz. Reste ihrer Burgen sind in der *Altenburg* (Fachwerk 1530) und im *Schloß* (um 1400) erhalten. Das *Rathaus* (1512—30) ist ein kraftvoller, zweigeschossiger Fachwerkbau.

Die *Liebfrauenkirche* (um 1330—82), eine gotische Halle mit breitem Westbau, dessen Doppeltürme unausgeführt blieben, überrascht durch den dekorativen Reichtum der *Portale* und *Fenster*. Der dreiteilige *Flügelaltar* (um 1375) ist ein Hauptwerk der mittelrheinischen Malerei.

🚌 An der Linie Frankfurt—Lauterbach und nach Laubach—Lich—Gießen, Nidda—Friedberg, Ulrichstein.

⌂ „Adler", „Hessisches Haus", „Sonnenberg", „Vogelsberg" (garni).

△ Lindenweg. — 🏊. — 2 ⛺ am Nidda-Stausee.

In Schotten empfiehlt sich ein Abstecher über die Rennstrecke (1925 bis 1955) *Schottenring* auf die 14 km entfernte Höhe des *Vogelsberges* zum *Hoherodskopf* (763 m, △) und *Taufstein* (774 m) mit urwaldartigem Bewuchs und Fernsicht bis *Taunus*, *Thüringer Wald* und *Harz*. Über *Breungeshain* und *Sichenhausen* erreichen wir wieder die *B 276*, die von Schotten in unzähligen Kurven auf die *B 275* nach dem Luftkurort *Gedern* (101 km) mit *Schloß der Fürsten zu Stolberg-Wernigerode* (18. Jh.) führt. Der 15 Hektar große *Gederner See* (1 km westlich des Ortes, ⛺, Anglerseminar) ist als Wassersportparadies bekannt. — Hallen-🏊.

Die *B 275* führt nidderabwärts über *Hirzenhain* mit ausgewogener gotischer *Pfarrkirche* (14./15. Jh., Lettner um 1440—48), *Lißberg* (⛺) mit einer im Kern staufischen *Burgruine* und *Ortenberg* auf die in *Route 4 A* beschriebene *B 457* nach *Büdingen*.

Wer diese Abkürzungsstrecke einschlägt, beachte das mauerumwehrte, malerische *Ortenberg* mit dem Torturm der *Oberpforte* (13. Jh.) und dem

Schloß (18. Jh.) des *Fürsten von Stolberg-Roßla*, an dem die Buckelquader der staufischen Reichsburg noch sichtbar sind. Zur gotischen *Marienkirche* (14./15. Jh.) gehörte der berühmte *Ortenberger Altar* (Anfang 15. Jh., jetzt im *Landesmuseum Darmstadt*; Kopie in Ortenberg). Unsere Hauptroute führt von *Gedern* auf der *B 275* (Richtung *Lauterbach*) zurück auf die *B 276* und diese nach 7 km rechts ab über *Fischborn* (120 km) das *Reichenbachtal* hinab nach *Birstein* (124 km), wo das weiträumige *Schloß* (13./18. Jh.) mit reichen Schätzen noch heute Residenz der *Fürsten von Isenburg-Birstein* ist.

In *Wächtersbach* (137 km) mit *Wehrkirche* (14./16. Jh.) und *Schloß* (13./19. Jh.) der *Fürsten von Isenburg-Wächtersbach* erreichen wir das *Kinzigtal* und die *B 40*, der wir rechts folgen.

Die Straße nach *Bad Orb* zweigt unterhalb Wächtersbach links ab. Die *Martinskirche* (14./15. Jh.) mit dem vom „Meister der Darmstädter Passion" gemalten *Hochaltar* (um 1440, Originale der *Flügel* in *Berlin-Dahlem*) und die malerische *Altstadt* lohnen den kurzen Abstecher (5 km je Weg) zu dem internationalen Herzbad mit großem Mineralsole-Bewegungs-Schwimmbad.

Die *B 40* führt uns kinzigabwärts über *Biebergemünd* nach der Kreisstadt

Gelnhausen (158 m; 15 000 Einw.), 148 km. 1170 von Kaiser *Friedrich I. Barbarossa* gegründet, wurde sie das Zentrum des staufischen Reichslandes zwischen *Spessart* und *Vogelsberg*. Den glänzenden Aufstieg der *Reichsstadt* (bis 1803) hemmte allerdings die Verpfändung (seit 1349), wobei Gelnhausen zuletzt an die *Grafschaft Hanau* und mit dieser 1736 an *Hessen-Kassel* kam. 1866 fiel es an Preußen.

Die *Kaiserpfalz* (um 1170—80) auf einer *Kinziginsel* vor der Stadt war Lieblingsaufenthalt der *Staufer*. Obwohl verfallen, wird sie von keiner anderen in der repräsentativen Architektur und deliziösen Ornamentik, besonders an dem ursprünglich dreigeschossigen *Palas*, übertroffen.

Die den oberen Stadtteil beherrschende *Marienkirche* (um 1170—1250) steht der Pfalz in Konzeption und Ausstattung nicht nach. Ältester Teil ist der blockhafte *Westturm*, jünger die türmereiche, schon vom Geist der Gotik geprägte *Ostpartie* (1225—40) mit eleganten *Querhausportalen*. Auch die *Innenwirkung* ist ganz auf die *Ostteile* gerichtet, wo ein mit Figuren des *Jüngsten Gerichts* skulptierter *Lettner* (1240—50) den *Kreuzaltar* (um 1500) umrahmt. Aus der gleichen Zeit stammt der prächtige *Hochaltar*. Die großartigen *Wandmalereien* im *Chor* (um 1240—50) sind leider stark verblaßt.

Torso blieb die um 1200 als dreischiffige Kreuzbasilika geplante *Peterskirche* (Ausbau 1932—38) mit bemerkenswerten *Portalen*. — Das *Romanische Haus* (um 1180, am *Untermarkt*) war Amtssitz des kaiserlichen Schultheißen. Ein Steinhaus mit Treppengiebel (14. Jh.) ist das *Johanniterhaus* (*An der Stadtschreiberei 10*). Unter den Klosterhöfen ist der *Arnsburger Hof* (1742, *Langgasse 41*) mit schönem *Säulenportal* der stattlichste. Eines der ältesten *Fachwerkhäuser* Hessens (nach 1400) steht in der *Kuhgasse 1*. In Gelnhausen wurde um 1621/22 *Grimmelshausen* und 1834 *Philipp Reis*, der Erfinder des Telefons, geboren.

Von der *Stadtbefestigung* blieben *acht Türme* und *Tore* erhalten.

An der Strecke Frankfurt—Bebra—Kassel/Eisenach und nach Gießen.

Gießen, Hanau.

„Grimmelshausen".

„Adler", „Deutsches Haus" (garni).

Schützengraben 5. —

Die *B 40* führt von *Gelnhausen* über *Gründau* nach *Langenselbold*, wo wir auf die *Route 4 A* stoßen. Schöner ist die Strecke links der *Kinzig* auf der *B 43* über *Meerholz* (151 km) mit isenburgischem *Schloß* (1555—64), *Hasselroth* (157 km), *Rodenbach* (163 km) auf die *B 8*, der wir unter Umgehung von *Hanau* (siehe S. 28) folgen bis

Frankfurt, 198 km (siehe S. 14).

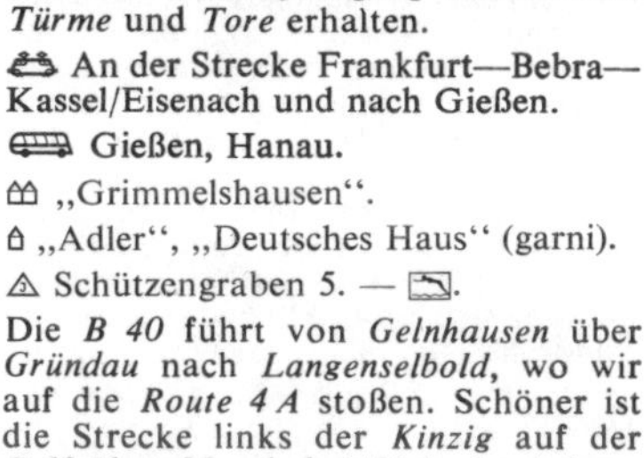

Gelnhausen: Kaiserpfalz

Route 5: In den Naturpark Spessart (215 km)

Die Route (Karte S. 55) führt in das *mainzische Oberstift* um *Aschaffenburg*, das 1816 an *Bayern* fiel. Sie bietet nicht nur landschaftliche Reize, sondern ist, vor allem im ersten Teil, auch kunsthistorisch interessant. In das Gebiet führen die Bahnstrecken *Frankfurt—Aschaffenburg—Würzburg*, *Aschaffenburg—Miltenberg* und *Kahl—Schöllkrippen*. Der hohe *Spessart* wird durch Autobuslinien erschlossen.

Wir benutzen von *Frankfurt* (siehe S. 14) ab Anschlußstelle *Frankfurt-Ost* die *Autobahn* Richtung *Würzburg* bis zur *Ausfahrt Hanau* und folgen dort dem Straßenschild nach

Seligenstadt (110 m; 12500 Einw.), 26 km. *Ludwig der Fromme* schenkte 815 zusammen mit *Michelstadt* (siehe S. 57) den Ort an *Einhard* († 840), der von *Steinbach* (siehe S. 57) 828 die Gebeine der Märtyrer *Marcellinus* und *Petrus* mitbrachte. Über ihren Gräbern errichtete er eine *Wallfahrtskirche*, zugleich seine *Grabkirche*, und gründete die beiderseits des Mains reich dotierte, später von Mainz abhängige *Benediktinerabtei* (bis 1803). Auch die Stadt, *reichsfrei* unter den *Staufern*, konnte sich seit 1309 der Mainzer Landeshoheit nicht mehr entziehen. 1803 fiel Seligenstadt an *Hessen-Darmstadt*.

In der *Basilika* blieb das *karolingische Raumbild* auch nach Verlängerung des Chores und Einbau eines romanischen *Vierungsturmes* (13. Jh.) weitgehend erhalten. Die zweitürmige *Westfront* (11. Jh.) wurde leider 1868 abgetragen und durch steife Neuromanik ersetzt. Die südlich anschließenden *Klostergebäude* stammen aus der *Barockzeit*, *Bibliothek* (in der *Prälatur*, jetzt *Museum*) und *Refektorium* mit reizvoller Architekturmalerei (1729). Den *Kirchenvorplatz* schmücken gute *Plastiken* des Mainzer Bildhauers *Burkhard Zamels*, der wohl auch die Figuren des von *Maximilian von Welsch* entworfenen *Hochaltars* (1715) schuf. Sehenswert ist auch der *Konventgarten*.

Seligenstadt: Basilika

Von der mainabwärts von Kaiser *Friedrich II.* um 1235–40 errichteten *Kaiserpfalz* blieb die 46 m lange repräsentative Mainfront des *Palas* erhalten. Die Pfalz war das letzte Glied in dem System staufischer Schloß-, Verwaltungs- und Wehrbauten im Rhein-Main-Gebiet (*Frankfurt*, *Gelnhausen*, *Münzenberg* u. a.). — Von der *Stadtbefestigung* stehen noch drei *Wehrtürme*, nördlich des hübschen *Marktplatzes* auch das *Steinheimer Tor*. Unter den *Fachwerkhäusern*, die das Ortsbild bestimmen, ist das *Haus zum Einhard* (1596, *Aschaffenburger Straße 1*) bemerkenswert. – Die *Wasserburg* (1707), ein anmutig zwischen Fischweihern gelegener barocker Gartenpavillon, liegt etwas außerhalb südlich der Stadt.

Seligenstadt ist nicht nur durch *Einhard*, der hier seine Biographie *Karls des Großen* („Vita Caroli Magni") schrieb, berühmt geworden. Hier wurde um 1434 *Hans Memling* geboren. Eine Werkstatt *Matthias Grünewalds* ist umstritten.

An der Strecke Frankfurt—Hanau—Eberbach—Stuttgart.

Babenhausen, Frankfurt, Hanau, Offenbach, Aschaffenburg.

„City", „Mainterrasse", „Parkhotel Winkler", „Riese", „Ritter".

„Frankfurter Hof". — Frei-.

Wir fahren weiter auf der *Aschaffenburger Straße* bis zur *Autobahn*, die wir, nun auf bayerischem Gebiet, von der *Anschlußstelle Stockstadt* über den *Main* bis zur *Ausfahrt Aschaffenburg* benutzen. Auf der *B 8* erreichen wir

Aschaffenburg, 42 km (siehe S. 26).

Wir verlassen *Aschaffenburg* mainaufwärts auf der „Straße der Residenzen“ über *Obernau, Sulzbach, Klein-Wallstadt* und überqueren in *Elsenfeld* (58 km) den *Main* nach der Kreisstadt *Obernburg* (60 km, ⛺) mit wohlerhaltenem, von Türmen und Toren umgebenem *mittelalterlichem Stadtkern.* Ein *Römerkastell* des *Limes*, der von der *Kahl* bis zur *Mümling* dem *Main* folgte (Ausgrabungsfunde im „Römerhaus“), bildete die Siedlungsgrundlage.

Es folgt das verträumte Fischerstädtchen *Wörth* (66 km, ⛺) mit *Renaissancerathaus* (um 1600) und einem spätgotischen *Flügelaltar* (um 1470) in der *Pfarrkirche.*

Kurz vor *Trennfurt* (69 km, ⛺) empfiehlt sich ein Abstecher über den *Main* nach dem wegen seines Rotweins geschätzten *Klingenberg* mit der 1683 zerstörten *Klingenburg* (12./15. Jh.) und mainzischen *Stadtschloß* (1560).

Auf der *B 469* gelangen wir über *Laudenbach* (73 km, ⛺) mit *Schloß* (18. Jh.) der *Freiherrn von Fechenbach* nach *Klein-Heubach* (77 km), wo sich die *Fürsten von Löwenstein-Wertheim-Rosenberg* (1721—1803) von dem Darmstädter Schloßbaumeister *Remy Delafosse* und *Johann Dientzenhofer* ein parkumgebenes, prächtiges *Barockschloß* (heute *Schulungsheim der Bundespost*) bauen ließen. Gezeigt werden *Marmorsaal, Gobelinsaal* und der klassizistische *Thronsaal.*

Am Straßendreieck südlich *Klein-Heubachs* verlassen wir unsere nach *Miltenberg* führende Route zu einem Abstecher (9 km je Weg), der *B 469* durch das *Mudbachtal* („Nibelungenstraße“) folgend, nach dem Luftkurort

Amorbach (158 m; 4400 Einw.), in Anlehnung an eine *fränkische Klostergründung* einst Stützpunkt der Mainzer Herrschaft (seit 1272) im südlichen Oberstift. 1803–06 regierten hier die *Fürsten zu Leiningen*, deren Domäneverwaltung sich heute in der ehemaligen *Abtei* befindet. 1816 fiel Amorbach an *Bayern.*

Die *Abteikirche* (1742—47) ist das Werk des Mainzer Baumeisters *Maximilian von Welsch.* Er nahm die romanischen Westtürme (12. Jh.) in die *barocke Konzeption* hinein, die in der prächtigen *Innenausstattung* in reinstem *Rokoko* schwelgt. In der Einheit des basilikalen Raumes korrespondiert der mächtige *Hochaltar* (1750) mit der größten und klangvollsten *Barockorgel* (1776—82) Europas, der reichen *Kanzel* (1749—52) und dem kunstvollen *Chorgitter.* Die *Klostergebäude* (18. Jh.) stoßen südlich an die Kirche. Sehenswert sind der *Grüne Saal* und die *Bibliothek*, beide bereits in frühklassizistischen Formen.

Die spätbarocke *Pfarrkirche St. Gangolf* (1752—54) ist eine weiträumige Hallenkirche mit schöner Ausstattung.

🚂 An der Strecke Miltenberg—Seckach.

🚌 Kirchzell, Walldürn, Würzburg.

🏨 „Badischer Hof“, „Frankenberg“, „Post“.

🏠 „Adler“, „Amorstüble“, „Fränkischer Hof“, „Pension Weigl“.

⛺. — ⛺. — Frei- und Hallen-🏊.

Bei *Preunschen* (7 km südlich von Amorbach) liegt die *Ruine Wildenburg* (13. Jh.), eine der bedeutendsten staufischen Leistungen.

Auf der Rückfahrt zum Main biegen wir vor *Klein-Heubach* rechts ab nach der Kreisstadt

Miltenberg (127 m; 9700 Einw.), 82 km. Zwischen *Mainzer* und *Würzburger Turm* (beide um 1400) erstreckt sich in enger Uferlage unterhalb der kurmainzischen *Mildenburg* (13. Jh.) eines der reizvollsten altfränkischen Städtchen, das an der Durchgangsstraße nach *Franken* und als *Stapelplatz* der *Mainschiffahrt* zu Wohlstand kam. Ein städtebauliches Juwel ist der sich im *Schnatterloch* bergan verengende *Marktplatz* mit teilweise noch gotischen, erkergeschmückten *Fachwerkhäusern* und dem *Renaissancebrunnen* von 1583. Fachwerk beherrscht auch

Miltenberg: Marktplatz

die lange *Hauptstraße* mit dem stattlichen Haus „Zum Riesen" (1590) und dem als Mainzer Kaufhaus (15. Jh.) entstandenen *Rathaus.*

Der Miltenberger *rote Sandstein* lieferte das Baumaterial für das ganze Untermaingebiet.

🚂 An der Strecke Frankfurt—Aschaffenburg—Wertheim—Bad Mergentheim —Ulm und nach Amorbach— Seckach.

🚌 Amorbach—Waldmichelbach—Heidelberg, Obernburg—Aschaffenburg, Walldürn, Wertheim—Würzburg.

🏨 „Brauerei Keller", „Mildenburg", „Parkhotel Linde", „Riesen", „Rose".

⌂ „Anker", „Berghof", „Deutscher Hof", „Turmeck". — ⛺ Hauptstraße 194.

⛺ Am Mainufer. — Hallen-▭.

Wir überqueren den Main. Vom Weindorf *Groß-Heubach* (86 km), wo sich vom *Franziskanerkloster Engelberg* (612 Stufen) ein herrlicher Blick auf die Miltenberger Mainschleife bietet, folgen wir dem *Heubachtal* in den *Naturpark Spessart* hinauf bis zur Sommerfrische *Mönchberg* (253 m, ⛺, 95 km) und wieder hinab auf die *Deutsche Ferienstraße Alpen—Ostsee.*

Dieser folgen wir rechts das beliebte *Elsavatal* aufwärts über *Eschau* (99 km) und *Heimbuchental* (109 km) nach *Mespelbrunn* (112 km, ⛺).

1 km rechts ab liegt in einem Seitental das entzückende *Wasserschloß* (1551 bis 1569, Turm 15. Jh.) der *Echter von Mespelbrunn*, die mit *Julius Echter* 1573 auf den Würzburger Bischofsstuhl gelangten.

Schloß Mespelbrunn

Ihre *Grablege* fanden sie in der *Wallfahrtskirche* (1439, 1954—55 modern erweitert) von *Hessenthal* (114 km), die durch eine *Kreuzigungsgruppe* von *Hans Backoffen* und eine „Beweinung", möglicherweise von *Tilman Riemenschneider*, ausgezeichnet ist. — ▭.

Hinter *Hessenthal* erreichen wir den *Hochspessart.* Wir überqueren die *Autobahn Frankfurt—Würzburg* und erreichen das hinter der *Eselshöhe* gelegene *Weibersbrunn* (354 m; 120 km) mit 600jährigen Eichen im *Naturschutzpark Metzger* unterhalb des Ortes.

Die Straße mündet ins *Hafenlohrtal*, dem wir links aufwärts folgen. Bald hinter *Rothenbuch* (366 m, 126 km) mit kurmainzischem *Jagdschloß* (16./17. Jh.) verlassen wir die *Deutsche Ferienstraße* nach links auf der *B 26.* Nach 4 km kurvenreicher Höhenstrecke führt unsere Route an der Kreuzung *Sieben Wege* rechts hinunter ins Tal der *Lohr.*

Wir lassen *Heigenbrücken* rechts unten liegen und folgen nach der letzten Kehre dem Wegweiser links aufwärts nach *Jakobsthal* (376 m, 142 km). Beim *Forsthaus Engländer* (450 m) überqueren wir den „Eselsweg", die alte *Salzstraße* von *Bad Orb* nach *Miltenberg.*

Weiter geht es auf schmaler, aber landschaftlich reizvoller Strecke in das Tal der *Kahl*, das wir bei *Schöllkrippen* (203 m, 152 km) mit wehrhafter *Kirche* (1445) und mainzischem *Schloß* (15. Jh., jetzt *Rathaus*) erreichen.

Abwechslungsreich ist die Fahrt durch die Dörfer des *Kahlgrundes*, wo im Mittelalter die mächtigen *Grafen von Rieneck* in die staufischen *Freigerichte* eindrangen, schließlich aber *Kurmainz* weichen mußten. Die Straße führt durch *Schimborn, Mömbris* mit der rieneckischen *Ruine Womburg* und den Weinort *Michelbach* nach *Alzenau* (182 km, ▭), einem beliebten Ausflugsort. Die guterhaltene mainzische Burg (um 1400, 1975 restauriert) ist ein beachtenswertes Beispiel fränkischer Spätgotik (im Obergeschoß großer Saal mit Kamin und Kapellenerker).

Hinter *Alzenau* biegen wir rechts ab und erreichen nach wenigen Kilometern nahe den *Kahler Seen* ⛺ wieder hessisches Gebiet und die *B 8.* Sie führt uns unter Umgehung von *Hanau* (siehe S. 28) zurück nach

Frankfurt, 215 km (siehe S. 14).

Route 6: In den Odenwald (166 km)

Die Fahrt in den *Naturpark Odenwald* und an die im Frühling blütenübersäte *Bergstraße* führt in das vom *Kloster Lorsch* erschlossene Jagdgebiet der *Burgunder*. Eindrucksvolle *Burgen* zeugen von den Territorialkämpfen zwischen *Kurmainz*, *Kurpfalz* und *Hessen*. Die Orte im *Mümlingtal* sind über die Bahnstrecke *Frankfurt—Hanau—Eberbach—Stuttgart*, die an der *Bergstraße* über die Strecke *Frankfurt—Heidelberg* zu erreichen. Auf der „Nibelungenstraße" besteht regelmäßiger *Autobusverkehr*.

Wir verlassen *Frankfurt* (siehe S. 14) auf der *B 43*. In **Offenbach**, 4 km (siehe S. 18), biegen wir rechts ab auf die *B 448* in Richtung *Seligenstadt—Aschaffenburg*. Bald hinter *Obertshausen* (12 km), von wo rechts ab *Heusenstamm* (siehe S. 18) zu erreichen ist, stoßen wir auf die *B 45* und folgen dieser rechts über *Jügesheim* nach *Dudenhofen* (22 km). Hier biegen wir links ab nach

Babenhausen (126 m; 14500 Einw.), 28 km, das, ursprünglich *münzenbergisch*, von 1458 bis zum Dreißigjährigen Krieg *hanau-lichtenbergische Residenz* war. 1736 fiel es an *Hessen-Kassel*, 1810 an *Hessen-Darmstadt*.

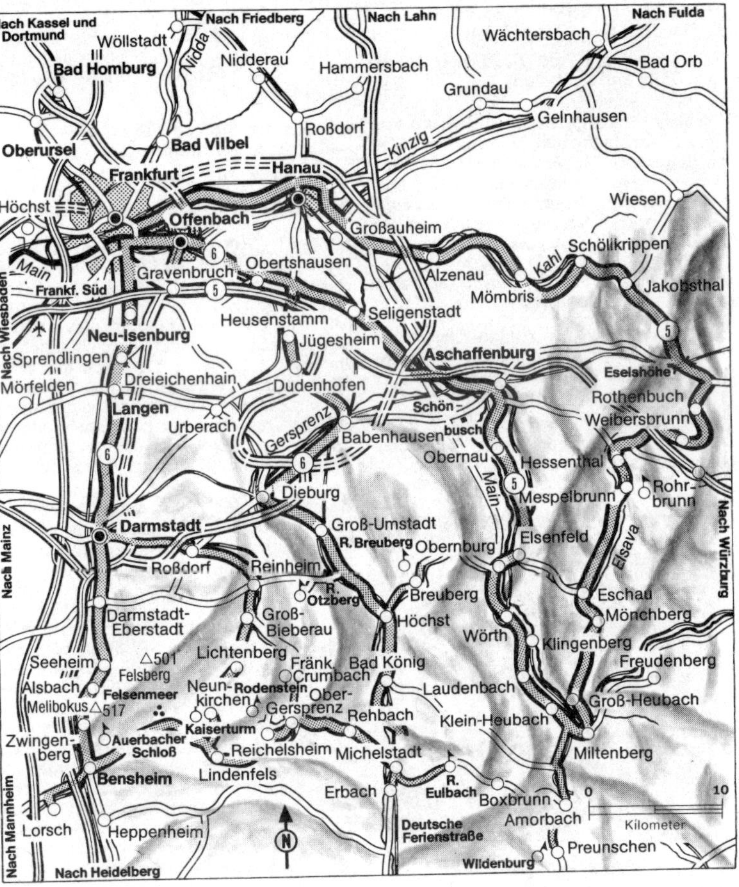

Die teilweise erhaltene *Stadtmauer* mit dem *Hexen-* und dem *Brechturm*, viele *Burgmannen-* und schöne *Fachwerkhäuser* geben dem Stadtbild noch mittelalterliches Gepräge.

Das durch die *Gersprenz* geschützte *Wasserschloß* (13. Jh., spätgotisch erweitert, heute *Altersheim*) ist in seiner bastionierten Vierflügelanlage noch gut erhalten.

Die schlichte *Stadtkirche* (14./15. Jh.) birgt in ihrem *Flügelaltar* (vor 1518) ein Schmuckstück spätgotischer Sakralplastik sowie *Grabplatten* der *Grafen von Hanau-Lichtenberg*.

An den Strecken Darmstadt—Aschaffenburg und Frankfurt—Hanau—Stuttgart.

Frankfurt, Hanau.

„Deutscher Hof", „Löwe". —.

Wir stoßen auf die *B 26* und folgen ihr rechts zur Kreisstadt

Dieburg (144 m; 13000 Einw.), 40 km, deren Anfänge bis in *römische* Zeit (bedeutendes *Mithraskultbild* im *Heimatmuseum*) zurückreichen, als Dieburg wichtige Etappe zum *Odenwald-Limes* war. An die mittelalterliche Stadt, die 1310 aus *münzenbergischem* Erbe an das *Erzstift Mainz* fiel, erinnern *Schloß-* und *Mühlturm*. 1803 kam Dieburg an *Hessen-Darmstadt*.

Sehenswert ist die romanische *Wallfahrtskirche* (11. Jh., spätere Veränderungen) mit einem eigenartigen gotischen *Gnadenbild* aus Leder mit Mörtelschichten und ansehnlichen *Altären*.

An den Strecken Mainz—Aschaffenburg und nach Offenbach.

Dieburg: Mithraskultbild

Darmstadt, Erbach—Eberbach, Frankfurt a.M., Offenbach, Weinheim, Reinheim.

„Alt-Dieburg", „Marktschänke".

„Mainzer Hof". —.

Wir folgen links der *B 45* nach

Groß-Umstadt (165 m; 18200 Einw.), 48 km, dem Mittelpunkt einer kleinen *Odenwälder Weininsel*. Die alte, einst von wechselnden Landesherrn (*Hanau, Pfalz, Hessen*) mit 12 Türmen befestigte Stadt hat das Ortsbild eines Landamtes nicht nur in dem repräsentativen *Renaissancerathaus* (1604—06), der *Pfarrkirche* und schönen *Fachwerkhäusern* bewahrt. Charakteristisch sind seine *Stadtschlösser*, besonders das *Pfälzer Schloß* (um 1500, *Schloßgasse 16*), das *Wamboldt-Schloß* (um 1600, *Curtigasse*) und das *Darmstädter Schloß* (1465—1744) in der nordöstlichen Stadt, und seine *Adelshöfe* (*Rodensteiner Straße*).

An der Strecke Frankfurt—Hanau—Eberbach—Stuttgart.

Darmstadt, Erbach.

„Frankfurter Hof". — Frei-.

Hinter *Groß-Umstadt* beginnt der *Naturpark Odenwald-Bergstraße*. Zur *Burg Otzberg* (13. Jh., 4 km je Weg) biegen wir rechts in die *B 426* ein und folgen in *Otzberg* (früher *Lengfeld*) dem Straßenschild. An den aussichtsreichen *Burgberg* lehnt sich malerisch das mittelalterliche Zwergstädtchen *Hering* mit sehenswertem *Burgmannenhaus* (1572). Der *Otzberg* war Jahrhunderte hindurch Eckpfeiler des pfälzischen Besitzes im nordöstlichen *Odenwald*.

Wieder auf der *B 45*, durchqueren wir in Windungen den nördlichen *Odenwald* (290 m) ins *Mümlingtal*, wo wir auf die *Deutsche Ferienstraße Alpen—Ostsee* treffen.

In *Höchst* (155 m, 58 km), mit teilweise geschnitzten *Fachwerkhäusern*, verlassen wir die *B 45* mümlingabwärts bis *Breuberg* (4 km je Weg) zu einem lohnenden Besuch der *Feste Breuberg* (), die seit dem 12. Jahrhundert das *Mümlingtal* sperrt. Sie gehört zu den eindrucksvollsten und weiträumigsten Burganlagen Süddeutschlands. Ihren noch heute wehrhaften Charakter erhielt sie durch die *Grafen von Wertheim* (1499, Wappen am Torbau), später den eines *Renaissanceschlosses* (16./

17. Jh.). Nach wechselndem, teils *erbachischem* Besitz gelangte Breuberg 1806 an *Hessen-Darmstadt.*

Breuberg (früher *Neustadt*) besitzt eine Reihe schöner *Fachwerkhäuser*, darunter das *Rodensteiner Haus* (1569), und ein seltenes *Marktkreuz* (14. Jh.) mit Schwurhand und Richtschwert.

Von *Höchst* folgen wir der *B 45* das anmutige *Mümlingtal* aufwärts, vorbei an *Bad König* (65 km), dem Stahlbad (Blutarmut, Erschöpfungszustände) des Odenwaldes, mit erbachischem *Schloß* (1559) und wehrhafter *Kirche* (1479–1750), die zusammen eine hübsche Baugruppe bilden, bis

Michelstadt (202 m; 14000 Einw.), 72 km, dem historischen Zentrum des *Mümlingtales* im Kreuzungspunkt alter Fernstraßen. 815 schenkte *Ludwig der Fromme* seinem Freund *Einhard*, dem Berater und Biographen *Karls des Großen*, die *Mark Michelstadt*, aus der die *Grafschaft Erbach* hervorging. Mit dieser fiel Michelstadt 1806 an *Hessen-Darmstadt*.

Sein malerischer *Marktplatz* ist eine städtebauliche Kostbarkeit. Das originelle *Rathaus* (1484) über offener Laube ist das älteste deutsche Fachwerkrathaus. Mit ihm korrespondieren der *Marktbrunnen* (1575) und das ehemalige Gasthaus „Zum Löwen" (1755, jetzt *Verkehrsamt*).

Hinter dem Rathaus erhebt sich die *Stadtkirche* (1461—1537) mit ungewöhnlich zahlreichen *Grabmälern* (seit 1387) der *Grafen von Erbach*, einem *Glockenspiel* und einer wertvollen, 1499 gestifteten *Bibliothek*.

Gegenüber führt eine Gasse zur städtischen *Kellerei* (16./17. Jh.), einer romantisch gruppierten Hofanlage. An ihrer Südfront sind Reste der *Stadtmauer* mit dem *Diebsturm* erhalten.

Die *Einhardsbasilika* (821—827), *Einhards* Eigenkirche, später *Lorscher Propstei*, steht jenseits der *Mümling* am Rand von *Steinbach*. Wenn auch größtenteils Ruine, ist doch nördlich der Alpen kein vergleichbarer karolingischer Bau in solcher Vollständigkeit und Unberührtheit erhalten. Die gangartige *Krypta* war zur Aufnahme der Reliquien der Märtyrer *Marcellinus* und *Petrus*, wohl auch für *Einhard* selbst bestimmt, der jedoch 828 nach *Seligenstadt* (siehe S. 52) zog.

Im Wiesengrund nahe der *Mümling* liegt innerhalb eines englischen Parks

Erbach: Schloß

äußerst malerisch das erbachische *Schloß Fürstenau* (14. Jh.—1810), das aus einer *kurmainzischen Trutzburg* gegen Kurpfalz und Erbach hervorging und zu den erfreulichsten Schloßbauten Hessens gehört. Von der Straße betritt man, vorbei an einem barocken *Pavillon* (1756), den äußeren Schloßhof durch den *Torbau* (1765). Die *Dreiflügelanlage* des inneren Hofes überspannt ein fast 15 m weiter *Schwibbogen* mit kunstvoller Rollwerkbalustrade.

An den Strecken Frankfurt—Hanau —Stuttgart und Darmstadt—Eberbach.

An den Linien Darmstadt—Eberbach, Erbach—Bensheim, Erbach—Heppenheim, Heidelberg—Miltenberg und nach Weinheim—Worms.

„Drei Hasen", „Stadt Michelstadt".

„Waldhorn", „Wilder Mann".

Odenwaldparadies.

Frei- (beheizt) und Hallen-.

Nur 2 km südlich von Michelstadt liegt die Hauptstadt des Odenwaldkreises

Erbach (223 m; 11000 Einw.). Die Residenz der heute noch ansässigen, 1806 von Hessen-Darmstadt mediatisierten *Grafen von Erbach-Erbach* entwickelte sich aus einer befestigten *Burgmannensiedlung* („Städtel", mit dem *Templerhaus*, 15. Jh., und schönen Fachwerkbauten) rund um eine spätromanische *Wasserburg*, von der nur der *Bergfried* (1220) erhalten blieb. Vor ihm breitet sich das *Schloß* (1736) mit sehenswerten *Sammlungen* (Geweihgalerie, Antiken u. a.) aus, rechts daneben das *Rathaus* (1545—93). Durch den *Archivbau* (1571—93) führt ein Torweg in den Schloßhof mit dem *Kanzleibau*

(1540) und dem sogenannten *Alten Bau* (1550).

Die *Pfarrkirche* (1747—50) nahe der *Mümling*, als *Hofkirche* entstanden, ein großer Saalbau mit elegant geschwungenem *Glockenturm*, ist der bedeutendste protestantische Kirchenbau Südhessens.

Berühmt ist die *Erbacher Elfenbeinschnitzerei* (seit 1783, *Deutsches Elfenbeinmuseum* in der *Festhalle*).

Westlich von Erbach liegt an der Stelle einer ehemaligen Einsiedelei das *Wildgehege Brudergrund*.

An den Strecken Frankfurt—Hanau—Stuttgart und Darmstadt—Eberbach.

An der Linie Darmstadt—Eberbach und nach Bensheim, Heppenheim, Weinheim—Worms.

„Gebhardt" (garni), „Kober" (garni), „Odenwald", „Schützenhof".

„Ochsen", „Erbacher Brauhaus".

Eulbacher Straße 33. — Bullau.

Alexanderbad und Hallen-.

An der „Nibelungenstraße" (*B 47*) nach *Amorbach* liegt, 8 km von Erbach entfernt, *Jagdschloß Eulbach* (1770—1802) mit Funden aus den benachbarten *Limeskastellen* und einem *Wisentgehege* im schönen *Englischen Garten*.

In entgegengesetzter Richtung führt uns die „Nibelungenstraße" (*B 47*) von *Michelstadt* quer über den zentralen *Odenwald* bis *Bensheim*.

Hinter *Rehbach* (77 km) schlängelt sich die Straße hinauf zum *Gasthaus Spreng* (386 m), dann in Serpentinen ins *Gersprenztal* hinab, das wir bei *Ober-Gersprenz* (200 m, 86 km) erreichen. Von *Reichelsheim* (91 km, mit ehemaliger *Wehrkirche*, *Burg Reichenberg* und Wald-) ist die sagenumwobene, von *Scheffel* und *Bergengruen* beschriebene *Ruine Rodenstein* (13. Jh., 3 km rechts ab), das Wahrzeichen des *Odenwaldes*, leicht zu erreichen, ebenso *Fränkisch-Crumbach* (4 km, von Ober-Gersprenz 3 km) mit schönen *Grabmälern* der *Rodensteiner* in der *Pfarrkirche*.

Lindenfels im 17. Jh., nach einem Holzschnitt

Auf der Wasserscheide zwischen *Main* und *Rhein* erreichen wir nach kurvenreicher Bergstrecke in landschaftlich einmalig schöner Lage über dem Hochtal der *Weschnitz*

Lindenfels (364 m; 4700 Einw.), 99 km. Das als heilklimatischer Kurort und als Sommerfrische beliebte Städtchen entwickelte sich im Anschluß an eine *pfälzische Burg* (12./15. Jh., schöne Fernsicht von der *Ruine*). Die teilweise erhaltene *Stadtbefestigung* und stattliche *Häuser* in der *Burgstraße* erinnern an die Zeit, da Lindenfels wirtschaftlicher und administrativer Mittelpunkt des westlichen Odenwaldes war.

An der Linie Bensheim—Erbach.

„Am Bitzebuckel" (garni), „Hessisches Haus", „Odenwaldhotel".

„Altes Rauchsches Haus", „Burgfrieden", „Kühler Grund".

Frei- (beheizt). — Schlierbach.

Wer über den hohen Odenwald zurückfahren will, biegt hinter *Lindenfels* von der *B 47* nach Norden ab über die Ausflugsorte *Winterkasten* (410 m) und *Neunkirchen* (517 m) am Fuße der *Neunkircher Höhe* (605 m, mit aussichtsreichem *Kaiserturm*) und hinter Neunkirchen rechts ab über *Lützelbach* zu dem anmutig über einem Seitental der *Gersprenz* gelegenen Erholungsort *Lichtenberg* (110 km, ,). Das weithin sichtbare *Schloß* (1570–81, *Museum* mit *Sommergalerie*) der *Landgrafen von Hessen* wurde zum stilistischen Vorbild vieler Renaissancebauten des Darmstädter Raumes (*Kranichstein*, *Darmstadt*, *Groß-Umstadt*). Mit ihm korrespondiert über den Häusern des kleinen Ortes das *Bollwerk*, ein gut erhaltener mächtiger Batterieturm mit 7 m dicken Mauern. — Bei *Groß-Bieberau* (114 km) erreichen wir die *B 38*, die uns über *Reinheim* (117 km) nach *Roßdorf* (125 km) auf die *B 26* und nach *Darmstadt* (133 km) führt, wo wir die Hauptroute mit nur geringer Abkürzung wieder erreichen.

Unsere Route zur *Bergstraße* folgt weiter der *Nibelungenstraße*, die hinter *Lindenfels* zunächst noch bis *Kolmbach* (409 m) ansteigt, dann nach *Gadernheim* (365 m, 104 km) ins *Lautertal* hinunterführt, dem wir nunmehr bis *Bensheim* folgen. In *Lautertal* (früher *Reichenbach*; 109 km, △, ▭) versäumen wir nicht den kleinen Abstecher (1,5 km rechts ab) zum *Felsenmeer*, einer Ansammlung riesiger Granitblöcke am Fuß des *Felsberges* (501 m) mit einmaligen *römischen Werkstücken*.

Bensheim (115 m; 33000 Einw.), 116 km, ein Hauptort des *Kreises Bergstraße*, erreichen wir durch den Ortsteil *Schönberg* (mit *Schloß* der *Grafen von Erbach-Schönberg*, 17. Jh., jetzt *Knappschafts-Vorsorgeheim*).

Das bereits 765 als *Lorscher* Besitz genannte *Bensheim* wechselte später zwischen *Kurmainz* und *Kurpfalz*, bis es 1802 an *Hessen-Darmstadt* fiel.

Die fast quadratische *Altstadt* und halbkreisförmige südliche *Vorstadt* verbindet die zweibogige *Mittelbrücke* (1733) über den *Lauterbach*. — Die *Altstadt* beleben zahlreiche *Fachwerkhäuser*, besonders am *Marktplatz*, darunter die *Fleischschrannen* (*Hauptstr. 48*), und stattliche *Herrschaftshöfe* wie der *Rodensteiner Hof* (1739, *Darmstädter Straße 5*, jetzt *Stadtverwaltung*) und der *Walderdorffer Hof* (um 1470), *Obergasse 26—32*). Im erhaltenen Teil des *Steinernen Hofes* (*Marktplatz 14*) befindet sich das *Bergsträßer Heimatmuseum*.

Die äußerlich schlicht, innen monumental wirkende katholische Pfarrkirche *St. Georg* (1826—30) ist nach der *Ludwigskirche* in *Darmstadt* der bedeutendste Kirchenbau des Klassizisten *Georg Moller*.

Im Ortsteil *Bensheim-Auerbach*, einem vielbesuchten Luftkurort, führt eine Abzweigung rechts zum *Staatspark Fürstenlager* (2 km), einer idyllischen Kuranlage des Darmstädter Hofes (seit 1738) mit exotischem Baumbestand und verschiedenen Requisiten des galanten Zeitalters. Mehr am Ortsende zweigt von der *B 3* die steile, aber lohnende Auffahrt zum *Auerbacher Schloß* (340 m, 13. Jh.), der bedeutendsten Ruine der Bergstraße, ab. Prächtig ist der Ausblick über die Rheinebene auch vom Aussichtsturm auf dem *Melibokus* (517 m) aus.

🚗 An der Strecke Frankfurt—Heidelberg und nach Worms.

🚌 Darmstadt, Erbach, Worms.

Lorsch: Torhalle

⌂⌂ „Herrenhaus", „Krone", „Präsenzhof", „Weigold".

⌂ „Poststuben". — ▭. — △ Gronau.

6 km westlich von Bensheim (*B 47*) liegt

Lorsch (91 m; 11 000 Einw.) mit hübschem *Fachwerkrathaus* (1715). Die *Torhalle* eines der mächtigsten Klöster des Frühmittelalters (*Grablege Ludwigs des Deutschen*, nach dem „Nibelungenlied" auch *Siegfrieds*), von dem sonst nur noch ein Teil des *Mittelschiffs* der *Vorkirche* der *Basilika* (Bauperiode 1141—48) erhalten ist, gilt als das bedeutendste Bauwerk der *karolingischen Renaissance* nördlich der Alpen. Von *Lorsch* kann man über die *Autobahn* nach *Frankfurt* (141 km) zurückkehren.

Unsere Route führt von *Bensheim* entlang der *Bergstraße* (*B 3*) über *Zwingenberg* (121 km, △), dessen malerischen Stadtkern hübsche *Fachwerkhäuser* schmücken. Hier biegen wir unterhalb des *Melibokus* (517 m) rechts auf die *Alte Bergstraße* ein. Auf ihr fahren wir über *Alsbach* (118 km) mit der Ruine der Ganerbenburg *Alsbacher Schloß* (257 m, 13. Jh.), *Jugenheim* (125 km) mit dem neuklassizistischen *Battenberger Schloß Heiligenberg* (*Institut für Lehrerbildung*) und über *Seeheim* (127 km) mit *Fachwerkrathaus* von 1599 und dem „Schuldorf Bergstraße" (1954, alle Schultypen) nach

Darmstadt, 139 km (siehe S. 21), und weiter auf der *B 3* über *Langen* (153 km), von wo man rechts *Dreieichenhain* (siehe S. 18) erreicht, *Sprendlingen* (156 km) und *Neu-Isenburg* (160 km) nach

Frankfurt, 166 km (siehe S. 14).

Route 7: Rheinhessen (205 km)

Das *Mainzer Hinterland*, nach 1816 *hessen-darmstädtisch*, heute zum Land *Rheinland-Pfalz* gehörig, ist durch die Bahnstrecken an *Rhein* und *Nahe* und Verbindungsbahnen nach *Alzey* gut erschlossen.

Wir verlassen *Frankfurt* (siehe S. 14) auf der *Autobahn* Richtung *Wiesbaden*, die wir bei *Wiesbaden-Erbenheim* (32 km) verlassen, vorbei an der *Bierstadter Warte* (15. Jh.), hinunter nach *Mainz-Kastel* (37 km, ⛺) und über die *Rheinbrücke* nach

Mainz, 39 km (siehe S. 23).

Ab *Mainz* folgen wir der *A 60* über den flachen *Lenneberg* (180 m; Naturschutzgebiet), rechts voraus das herrliche *Rheingaupanorama*, in den *Ingelheimer Grund* mit Obst- und Spargelkulturen um die Rotweinstadt

Ingelheim (120 m; 20000 Einw.), 53 km, Zentrum des ehemaligen „Ingelheimer Reiches", das sich aus einem *fränkischen Königshof* entwickelte und dem Mainzer Zugriff durch die Verpfändung an *Kurpfalz* (1375) entzogen blieb.

Von der *Kaiserpfalz Karls des Großen* in *Nieder-Ingelheim* sind nur Mauerreste der Apsis erhalten. Die im Kern noch romanische *Saalkirche* steht auf den Grundmauern der *Pfalzkapelle*. An der *Remigiuskirche* sind der reichgegliederte *Turm* (12./13. Jh.) und das romanische *Portal* bemerkenswert.

In *Ober-Ingelheim* überrascht die malerisch auf dem befestigten Friedhof liegende *Burgkirche* (14./15. Jh., mit romanischem Turm) durch ihren eigenartig schönen Innenraum mit einer Fülle bemerkenswerter *Grabsteine*.

🚗 An den Strecken Mainz—Koblenz/Saarbrücken/Kaiserslautern.

🚌 Bingerbrück, Gau-Algesheim, Mainz, Partenheim, Wörrstadt.

⛴ Autofähre nach Oestrich—Winkel.

🏨 „Erholung", „Goldene Kugel" (garni), „Kaiser Karl" (garni).

🏠 „Gästehaus Reisinger", „Pension Am Park".

⛺ und 🏊 am Rheinstrand, Hallen-🏊.

Die alte *B 9* führt weiter über *Gaulsheim* und *Kempten* (⛺) nach

Bingen (85 m; 27 000 Einw.), 67 km, dem römischen *Vincum*. 983 schenkte Kaiser *Otto II.* Bingen dem *Erzstift Mainz*. Seit 1438 gehörte die am Weinhandel prosperierende Stadt dem *Domkapitel*. Die mittelalterliche Bausubstanz ist bis auf einige — allerdings wesentliche — Sehenswürdigkeiten vernichtet. Aus *Bingen-Büdesheim* stammte der Dichter *Stefan George* (1868 bis 1933).

Die *Martinskirche* (15. Jh.) erhebt sich über einer romanischen *Krypta* (11. Jh.) und ist im nördlichen Seitenschiff zu einer gotischen sterngewölbten Halle, dem *Barbarabau* (1510—11), erweitert. Zur Ausstattung gehören der prächtige *Baldachinaltar* (1768), die barocke *Kanzel* (1681) und unter wertvollen

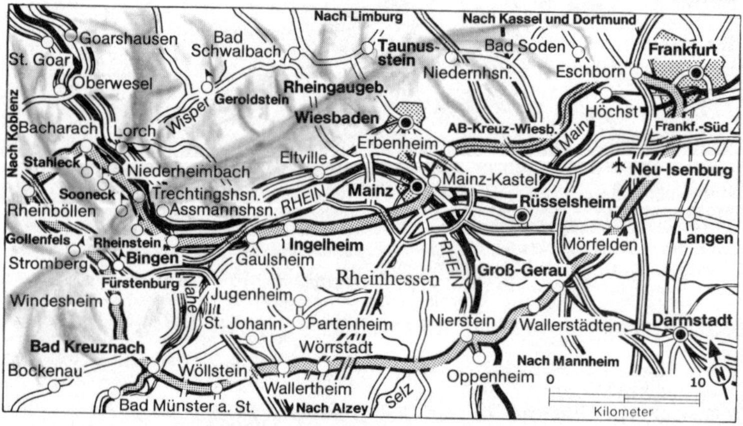

Plastiken besonders die mit der *Hallgartener Madonna* (siehe S. 35) verwandten *Tonfiguren der Heiligen Barbara und Katharina* (1. Viertel 15. Jh.).

Die *Drususbrücke* (11. Jh.) über die *Nahe* birgt in ihrem östlichen Pfeiler eine schlichte, aber seltene *Brückenkapelle*. Am Bahnhof steht noch ein hölzerner *Rheinkran* (16. Jh.).

Auf der *Burg Klopp* (Neubau 1875—79, *Heimatmuseum*) ist der 52 m tiefe *Brunnen* vielleicht römisch.

Auch die 1666 gestiftete *Rochuskapelle* auf dem aussichtsreichen *Rochusberg* (189 m) ist ein Neubau von 1895 mit älteren *Plastiken* und *Gemälden*, darunter ein von *Goethe* gestiftetes *Rochusbild*.

An der Strecke Frankfurt—Mainz—Koblenz—Köln und nach Alzey—Worms, Bad Kreuznach—Bad Münster a. St. und Simmern—Hermeskeil—Trier.

An den Linien Frankfurt—Trier—Luxemburg, Mainz—Koblenz und nach Bad Kreuznach, Sprendlingen, Simmern, Stromberg, Windesheim u.a.

Koblenz—Köln, Mainz—Frankfurt, Burg Rheinstein—Aßmannshausen, Auto- und Personenfähre nach Rüdesheim.

„Krone", „Rheinterrassen", „Scholl" (garni), „Starkenburger Hof"

„Anker", „Braden".

△ in Bingen-Kempten.

△ in Bingen-Bingerbrück, Herterstraße.

in B.-Bingerbrück und B.-Büdesheim.

Der schöne, bis zum *Salzkopf* (628 m) ansteigende *Binger Wald*, den wir auf der folgenden Route umfahren, ist von *Bingerbrück* aus auf der schmalen *Heiligkreuz-* bzw. *Kaltwasserstraße* zu erreichen. Man erwandert seine Schönheiten besser auf dem *Rheinhöhenweg* über *Forsthaus Heiligkreuz*, *Schweizerhaus* oder vom romantischen *Morgenbachtal* aus (ab Trechtingshausen).

Wir fahren über die *Nahe*, durch *Bingerbrück* (68 km, △) weiter auf der *B 9* auf landschaftlich überaus reizvoller Strecke („Rheingoldstraße"), nur durch die Bahnlinie vom Strom getrennt (*Mäuseturm*, *Binger Loch*, *Ruine Ehrenfels* siehe S. 36).

Gegenüber *Assmannshausen* (siehe S. 36) lohnt die Besichtigung der *Burg Rheinstein* (13. Jh.), einer alten mainzischen Zollstätte, die nach dem

Burg Rheinstein

Wiederaufbau (1825—29) durch *Prinz Friedrich von Preußen* zum Symbol der *Rheinromantik* geworden ist.

Vor *Trechtingshausen* (76 km, △) liegt rechts am Rhein die romanische *Klemenskapelle* (12. Jh.) und über dem links eingeschnittenen *Morgenbachtal* die *Burg Reichenstein* (11./13. Jh., unhistorischer Neubau 1877), die wie die folgenden der *Pfälzische Erbfolgekrieg* (1688—1697) zerstörte.

Bald hinter *Trechtingshausen* wird, 124 m hoch über dem Rhein, die *Burg Sooneck* (11./14. Jh.) sichtbar, wie Reichenstein ein Eckpfeiler des kurmainzischen Territoriums im Rheinengtal. Die Auffahrt zu der von dem nachmaligen Kaiser *Wilhelm I.* 1840 ausgebauten Burg ist möglich und lohnend.

Als letzten Sperriegel gegen *Kurpfalz* errichtete *Mainz* 1305 die *Heimburg* (*Hoheneck*, wiederhergestellt durch den Reeder *Hugo Stinnes*) über *Niederheimbach* (79 km), wo schon in ältester Zeit *Nahegau* und *Trechirgau* und damit *Mainzer* und *Trierer* Diözesanbereich zusammenstießen.

Dem rechtsrheinischen *Lorch* (siehe S. 36) gegenüber erscheint über *Rheindiebach* (81 km) die erste *pfälzische* Burg, *Fürstenberg* (1219), mit gut erhaltenem 25 m hohen *Bergfried*.

Unsere Burgenfahrt endet in dem uralten Weinstädtchen

Bacharach (80 m; 3000 Einw.), 83 km, vom 12. Jahrhundert bis zum Ende des alten Reiches (1806) *Stützpunkt der rheinischen Pfalzgrafen*, die zeitweilig auf der *Burg Stahleck* (11. Jh., △) residierten. Ihre Umwehrung verbindet sich organisch mit der *Stadtmauer* (14. Jh.), die an der Rheinfront mit *Toren* und *Türmen* erhalten blieb. Das Ortsbild ist in seiner verwinkelten Kleinräumigkeit äußerst reizvoll, be-

Bacharach: „Altes Haus“

sonders das *Alte Haus* (1568) am *Markt* mit *Turmerker*.

In der *Peterskirche* (Mitte 12. Jh.) besitzt Bacharach ein bedeutendes Werk spätromanisch-rheinischer Baugesinnung, das, wie der *Limburger Dom* (siehe S. 39) vierfach gegliedert (Arkaden, Empore, Triforium, Fenstergaden), schon zur Gotik überleitet.

Ein Kleinod gotischer Baukunst, von der Rheinromantik verklärt, ist die *Ruine* der 1293 begonnenen, nie vollendeten *Wernerkapelle* in reizvoller Hanglage über dem alten *Posthof*.

An der Strecke Frankfurt—Mainz—Koblenz—Köln.

Koblenz—Köln, Mainz—Frankfurt.

„Altkölnischer Hof“, „Gelber Hof“, „Herbrecht“, „Post“, „Park-Café“ (mit Hallen-), „Schönblick“.

„Apostelhof“, „Fürstenberg“, „Hillen“, „Krone“, „Rheinhotel“.

Burg Stahleck. — Am Rhein.

In Bacharach biegen wir hinter der Kirche von der „Rheingoldstraße“ ab und fahren durch das *Blüchertal* (vgl. S. 37) über *Steeg* (85 km) mit malerischer *Pfarrkirche* (14. Jh.) in Serpentinen auf den *Hunsrück* (hier 461 m).

Ab *Rheinböllen* (96 km) folgen wir links der *B 50* über *Rheinböllerhütte* durch das hübsche *Guldenbachtal* nach dem Luftkurort *Stromberg* (235 m, 107 km,) mit den Ruinen *Burg Gollenfels* (12. Jh.) rechts und *Fustenburg* (11. Jh.) links. Sie sicherten die Verbindung der pfälzischen Landesteile an *Rhein* und *Nahe*.

Wir verlassen in *Stromberg* die *B 50* nach rechts, setzen unsere Fahrt im *Guldenbachtal* fort und erreichen über *Schweppenhausen* und *Windesheim* die an der *Nahe* gelegene *Kreisstadt*

Bad Kreuznach (104 m; 44000 Einw.), 122 km, das führende Radon-Solbad.

Kreuznach, *römisches Kastell*, dann *fränkische Pfalz*, entwickelte sich zum Mittelpunkt der *Vorderen Grafschaft Sponheim*, seit dem 15. Jarhhundert verbunden mit *Kurpfalz*, seit 1816 *preußisch*.

Aus römischer Zeit stammen bedeutende Mosaiken (3. Jh., *Geib-Museum, Kreuzstraße*). Die mittelalterliche *Kauzenburg* (heute Restaurant) ist verschwunden, geblieben der schöne Blick auf die Altstadt. Wahrzeichen Bad Kreuznachs sind seine originellen *Brückenhäuser* (15. Jh.) auf der *Alten Nahebrücke*. Westlich der *Wilhelmsbrücke* wird das Wohnhaus des legendären *Dr. Johannes Faust* gezeigt, der Anfang des 16. Jahrhunderts in Kreuznach unterrichtete und Vorbild für *Goethes* Faust-Gestalt war.

In der *Pauluskirche* (auf der Naheinsel) sind der *Chor* und einige *Grabsteine* von kulturgeschichtlichem Wert (14./15. Jh.); bedeutender ist die *Nikolaikirche* (13./14. Jh.) in der Altstadt mit schöner gotischer Raumwirkung.

Auf der *Naheinsel* liegen *Kurhaus* (1912—14), *Kurpark* und die *Elisabethquelle*, am rechten Naheufer die *Roseninsel* mit der *Inselquelle*, weiter südlich, im *Salinental*, die *Hauptquelle* mit den kilometerlangen *Gradierwerken*.

An den Strecken Frankfurt—Saarbrücken und Mainz—Kaiserslautern und nach Bingerbrück und Homburg/Saar.

Bad Münster a.St., Bingen, Ingelheim—Mainz, Kaiserslautern, Lauterecken, Sobernheim—Kirn, Stromberg, Wöllstein—Partenheim—Mainz.

„Caravelle“, „Kurhaus“.

„Aegir“, „Frankfurter Hof“, „Im kleinen Klapdohr“, „M-Hotel“, „Oranienhof“, „Quellenhof“, „Salinental“, „Siebe“ (garni), „Viktoria“.

Haus Hindenburg, Kuhberg.

im Salinental. — .

3 km südlich von *Bad Kreuznach* liegt *Bad Münster am Stein* (auf der *Ebernburg*, Thermal-) mit ähnlich heilkräftigen Quellen zwischen schroffen Porphyrwänden (*Rotenfels* 327 m), die

die Trümmer der *Burg Rheingrafenstein* (11. Jh.) tragen. — Wir verlassen *Bad Kreuznach* in Richtung *Alzey* und durchqueren das dichtbesiedelte, waldlose rheinhessische Hügelland, eine Fundgrube für den Liebhaber alter Dorfkirchen.

In *Wöllstein* (130 km) stoßen wir auf die *B 420*, der wir zunächst bis *Wallertheim* (138 km) folgen. Hier bietet sich Gelegenheit zu einem Besuch der 3 km rechts ab liegenden *Wallfahrtskirche* (15. Jh.) in *Armsheim*, aber auch links ab zu den nur bis 8 km von der *B 420* entfernten *Pfarrkirchen* von *Sankt Johann* (1380—1420), *Partenheim* (2. Hälfte 15. Jh.) und *Jugenheim* (1769—75 mit gotischem Turm), *Sankt Johann* und *Jugenheim* mit bedeutenden *Wandmalereien*.

Hinter *Wörrstadt* (143 km) mit barokkem *Neunröhrenbrunnen* ist der gotisch ausgemalte *Chor* (1380—1420) der *Pfarrkirche* von *Schornsheim* (147 km) mit hübschen *Engelreliefs* eindrucksvoll. Rechts ab (2 km von der *B 420*) liegt ähnlich erhöht auf ehemals befestigtem Friedhof die *Pfarrkirche* (um 1490) von *Gabsheim* und 3 km weiter die hochräumige *Hallenkirche* (1482 bis 1487) von *Bechtolsheim*, die besonders wegen ihrer Ausstattung (Gestühl 1496 von *Erhard Falkener*, vgl. *Kiedrich*, S. 34) interessant ist.

Ohne weiteren Aufenthalt führt uns die *B 420* auf die *B 9* in das als Weinort berühmte *Nierstein* (161 km). Sehenswert sind das römische *Sironabad* und die von *Jakob Götzenberger*, einem Schüler von *Peter Cornelius*, 1842 ausgemalte *Kapelle* des ehemalig *von Herdingschen Schlosses* (*Rheinstraße*, jetzt *Mälzerei*). — Rheinaufwärts liegt nahebei

Oppenheim (87 m; 6000 Einw.), 163 km, die Hauptstadt des *Landkreises Mainz*. Aus dem Besitz des *Klosters Lorsch* erhob sich Oppenheim 1225/26 zur *freien Reichsstadt*, fiel aber 1375 wie Ingelheim an *Kurpfalz*, wo es bis zum Ende des alten Reiches blieb.

Von der *Reichsburg Landskrone* (12. Jh.) blieben nur Trümmer. Doch herrlich ist der Rundblick über die Rheinebene bis zum *Odenwald*. Auf halbem Hang steht, unvergleichliches Beispiel gotischer Stilwandlung, die *Katharinenkirche* (1262—1439), der bedeutendste gotische Kirchenbau zwischen Straßburg und Köln, *frühgotisch* straffgegliedert *Ostchor* und *Querhaus*, *hochgotisch Langhaus* und *Seitenkapellen* mit überschwenglich reicher *Fensterornamentik* auf der südlichen Schauseite, schließlich der westliche *Stiftschor* des Frankfurter Dombaumeisters *Madern Gertener*, eine Glanzleistung *spätgotischer* Raumgestaltung. Zwischen Westchor und Langhaus blieben die *romanischen Türme* (1220—40) der Vorkirche erhalten. Zur Ausstattung gehört eine Reihe hervorragender, wenn auch beschädigter *Grabdenkmäler*. — In den Gewölben der gotischen *Michaelskapelle* (*Beinhaus*) ruhen die Überreste von etwa 15000 Toten.

Die Stadt hat 1689 sehr gelitten, doch blieben das *Rathaus* mit adlergekrönten Treppengiebeln, der *Geschlechterbrunnen* (1546) und das *Gautor* (1566) erhalten.

An der Strecke Basel—Köln.

An der Linie Mainz—Ludwigshafen und nach Alzey, Darmstadt.

„Kurpfalz“, „Rheinischer Hof“.

„Goldene Krone“. — . — .

Die Wagenfähre am „Oppenheimer Fahrt“ unterhalb der Stadt bringt uns auf die rechte Rheinseite.

Über *Wallerstädten* (173 km; mit Groß-wild-Safari-Park) und *Groß-Gerau* (176 km, ,) mit schöner *Madonna* an der *Stadtkirche* (1470—90) und hübschem *Fachwerkrathaus* (1578) und weiter auf der *B 44* über *Mörfelden* (185 km,) fahren wir zurück nach

Frankfurt, 205 km (siehe S. 14).

Oppenheim: Rathaus

Register

Aartal 41
Alsbach 59
Altenberg 43
Altweilnau 44
Alzenau 54
Amorbach 53
Armsheim 63
Arnsburg 47
Arnstein 41
Aschaffenburg 26
Assenheim 46
Assmannshausen 36
Auerbacher Schloß 59

Babenhausen 55
Bacharach 61
Bad Ems 40
Bad Homburg 29
Bad König 57
Bad Kreuznach 62
Bad Münster a. St. 62
Bad Nauheim 46
Bad Orb 51
Bad Salzhausen 48
Bad Schwalbach 36
Bad Selters 49
Bad Soden a. Ts. 32
Bad Vilbel 45
Balduinstein 41
Bechtolsheim 63
Bensheim 59
Bergstraße 59
Bingen 60
Birstein 51
Braubach 38
Braunfels 43
Breuberg 56
Büdingen 49
Burgschwalbach 41
Butzbach 47

Camberg 39

Darmstadt 21
Dausenau 40
Dieburg 56
Dietkirchen 39
Diez 41
Dreieichenhain 18

Eberbach 34
Ehrenbreitstein 38
Ehrenfels 36
Eltville 33
Eppstein 40
Erbach i.O. 57
Erbach i. Rhg. 34

Falkenstein 31
Felsenmeer 59
Frankfurt a. M. 14
Fränkisch-Crumbach 58
Freienfels 44
Friedberg 46

Gabsheim 63
Gedern 50
Geisenheim 35
Gelnhausen 51
Gießen 42
Großer Feldberg 31
Groß-Gerau 63
Groß-Umstadt 56

Hallgarten 35
Hanau 28
Hattenheim 35
Hessenthal 54
Heusenstamm 18
Höchst i. O. 56
Hohenstein 41
Hoherodskopf 50
Hohlenfels 41
Hungen 48

Idstein 39
Ilbenstadt 45
Ingelheim 60

Johannisberg i. Rhg. 35
Jugenheim i. Rh. 63

Kahler Seen 54
Kahlgrund 54
Kamp-Bornhofen 38
Katzenelnbogen 41
Kaub 37
Kiedrich 34
Klein-Heubach 53
Klingenberg a. M. 53
Königstein i. Ts. 31
Kransberg 30
Kronberg 32
Kühkopf 22

Lahnstein 38
Laubach 50
Laurenburg 41
Lich 47
Lichtenberg i. O. 58
Limburg a. d. L. 39
Lindenfels i. O. 58
Lißberg 50
Lorch a. Rh. 36
Loreley 37
Lorsbachtal 40
Lorsch 59

Mainz 23
Marksburg 38
Martinsthal 37
Meerholz 51
Mespelbrunn 54
Michelstadt 57
Miltenberg 53
Mittelheim 35
Montabaur 38
Morgenbachtal 61
Münzenberg 47

Nassau 40
Neunkircher Höhe 58
Neuweilnau 44
Nidda 48
Niederheimbach 61
Niederwalddenkmal 35
Niederweisel 47
Nierstein 63

Obernburg a. M. 53
Oberreifenberg 31
Oberursel 44
Offenbach a. M. 18
Oppenheim 63
Ortenberg 50
Oestrich 35
Otzberg 56

Partenheim 63

Rauenthal 37
Reichelsheim 58
Reifenberg 31
Rheingau 33
Rheinstein 61
Rockenberg 47
Rod a. d. Weil 44
Rodenstein 58
Ronneburg 49
Rothenbuch 54
Rüdesheim 35
Runkel 44

Saalburg 30
Sachsenhausen 7
Sankt Goarshausen 38
Sankt Johann 63
Schaumburg 41
Schiffenberg 42
Schlangenbad 37
Schmitten 31
Schöllkrippen 54
Schornsheim 63
Schotten 50
Seligenstadt 52
Sooneck 61
Steeg 62
Steinbach i. O. 57
Steinheim a. M. 18
Stromberg 62

Taufstein 50
Trechtingshausen 61

Usingen 30

Wächtersbach 51
Wallerstädten 63
Weibersbrunn 54
Weilburg 43
Weilmünster 44
Weiltal 30, 31, 44
Wellmich 38
Wetterau 45
Wetzlar 42
Wiesbaden 19
Wildenburg 53
Winkel 35
Wispertal 36
Wöllstadt 46
Wörrstadt 63
Wörth a. M. 53

Ziegenberg 30
Zwingenberg 59